版权所有　翻版必究

图书在版编目（CIP）数据

市声 / 王月华著. — 广州：中山大学出版社，2018.7
（故纸生香系列丛书 / 李婉芬主编，黄卓坚副主编）
ISBN 978-7-306-06252-9

Ⅰ．①市… Ⅱ．①王… Ⅲ．①城市－社会生活－广州
Ⅳ．①D669.3

中国版本图书馆CIP数据核字（2017）第298143号

市声　SHISHENG

出 版 人：王天琪
策划编辑：王延红
责任编辑：王延红
封面设计：刘　犇
装帧设计：刘　犇
责任校对：孔颖琪
责任技编：黄少伟
出版发行：中山大学出版社
电　　话：编辑部 020-84111946，84111970，84111997，84110779
　　　　　发行部 020-84111998，84111981，84111160
地　　址：广州市新港西路135号
邮　　编：510275　　　　传　　真：020-84036565
网　　址：http://www.zsup.com.cn　E-mail:zdcbs@mail.sysu.edu.cn
印 刷 者：广州家联印刷有限公司
规　　格：787mm×1092mm　1/32　6.375印张　114千字
版次印次：2018年7月第1版　2018年7月第1次印刷
定　　价：48.00元

如发现本书因印装质量影响阅读，请与出版社发行部联系调换

故纸生香系列丛书

市声

王月华 著

中山大学出版社
·广州·

感谢广州市国家档案馆提供档案支持

故纸生香系列丛书

主 编：李婉芬
副主编：黄卓坚

传承厚重的城市记忆

一转眼,"广州档案独家解密"这个栏目版面走过了五年的光阴。在这五年中,广州日报社投入大量人力物力,深入挖掘岭南文化的深厚底蕴,全方位展示了近代广州的商业传奇与文脉书香,为广州——这座我们深爱的城市留存了一份厚重而鲜活的记忆。如今,经过中山大学出版社的悉心编辑,这些文字将以更精致优雅的形式呈现给读者。值此丛书出版之际,岂能不倍感喜悦与欣慰?

《广州日报》与广州市国家档案馆的合作由来已久,在档案馆内大放异彩的"新广州好"百景数字展厅,以声光电互动的"百米长卷"展示两千年商都辉煌的"前世今生",正是双方合作的成果。当然,广州厚重的文化底蕴远非一幅长卷可以说尽,档案馆内一卷卷行文儒雅的文书、一行行娟秀的小楷、一叠叠泛黄而珍贵的旧书旧报,更藏着无数珍贵的城市记忆，值得我们细心探寻，并用生动有趣的文字传递给读者，传递给像我们一样深爱这座城市的人。

"广州档案独家解密"这个栏目版面就是因着这样一份简单而真诚的意图而呱呱坠地的。2013年4月25日，第一期问世，到今天，已经出版了两百多个版面，积累了100多万字。刚接到这个栏目版面采编任务的时候，月华还有些惶恐不安，担心自己被湮没在文山书海中，变成一个头晕目眩的"小书虫"，在我们的鼓励下，她才勇敢地迈出了第一步；今天，回首五年的写作经历，她告诉我们，透过一份份馆藏的珍贵档案和为了加深理解而阅读的大量史学专著，她体会到了广州生生不息的文化与商业传统，以及市井平民的生活热情，并因着这样的体会，她对广州的爱牢牢生了根。听到这样的话，作为她的领导与长辈，我们十分高兴与欣慰。

广州的确不是乍一看就让人特别惊艳的城市，可她却是一个很多人住了一段时间后就会深深爱上、再也舍不得离开的城市。这一股神奇的力量究竟来自哪里？"广州档案独家解密"这一栏目积累的百万文字或许可以提供一个答案：这是一个既尊重传统，又不断吐故纳新的城市，是一个愿意包容每一个外来者的城市，是一座生生不息的"活"着的城市。所以，你可以将这些文字看成《广州日报》写给广州的一封"情书"。如今，经过中山大学出版社的精心编辑，这封"情书"很快就将呈现在读者面前了。如果你能静心翻阅，你会发现街头看似寻常的每一道风景，从此或许都会显得美丽不凡。

"广州档案独家解密"这一栏目走过了五年的光阴，成长为《广州日报》的品牌栏目之一。不过，与广州绵长的历史相比，五年不过是短暂一瞬，我们对广州千年城市记忆的探索之旅才刚刚开始。以后，我们还将尽绵薄之力，认真讲好广州故事，努力探寻岭南文化生生不息的奥秘所在。

是为序。

《广州日报》编辑部

2018 年 4 月

目　录

商业篇

自铸银圆：百年前的一场"货币战争"　/　3

洋行风云：数十家洋行沙面"斗法"　/　11

典当风云：官商蜂拥投资　当铺多过米铺　/　17

梁培基发冷丸：粤讴广告唱遍街巷　/　25

烟草巨头"斗法"：广告战打得热闹　/　31

食得是福：80年前广东酒楼"冠绝中外"　/　38

"一毛不拔"梁新记：一支牙刷撑起一个商业帝国　/　44

逛先施：女模秀靓衫　店员飙英语　/　51

国货展馆：城隍庙里建起不落幕的交易会　/　58

交通篇

80年前汽油卖天价 汽车改烧柴火 / 67

最早公交：搭到"加拿大" 快趣好世界 / 74

80年前春运：车票用命抢 木椅值千金 / 81

民航业起步：阔佬提着脑袋坐客机 / 87

行当篇

摄影术问世才6年 即成广州"香饽饽" / 95

"闱姓"博彩：举城若狂的彩票热 / 101

光复路：报业竞争的最初秀场 / 107

影业萌芽：广州海选女星演大片 / 114

旧时棚匠：高空"练武"搭牌楼 / 121

百年前"快递哥"可吃皇粮 吸引不少大学生入行 / 128

街头揾食的人力车夫：现实版"骆驼祥子" / 135

其他篇

近百年前"广马":好一场全城嘉年华 / 145

1931年元宵过公历 百姓不答应 / 152

参考文献 / 160

后记 / 162

商业篇

先施景致胜真光,直上天台望八荒。
最是大新新样好,楼梯九曲似回肠。

——民国·易石公

1889年4月,第一批广东银圆正式上线开铸。由于质地精良成色足,广东银圆不仅在本地大受欢迎,影响还扩展至京沪,打破了外国银圆一统天下的格局。

自铸银圆:百年前的一场"货币战争"

1889年4月,大东门外黄花塘的广东钱局内,机器轰隆隆响个不停,由两广总督张之洞主持铸造的首批广东银圆正式开炉投产。当时,广州的货币市场被外国银圆占去了大半壁江山,市面上流通的有西班牙银圆、墨西哥鹰洋,也有英国银币、美国银圆,甚至还有印度卢比和越南(当时叫"安南")银圆……种类之多让人眼花缭乱。外国银圆计量标准,交易时不必时时称重,大受人们欢迎,身价渐渐高过白银本身,铸币因此也就成了有利可图的大生意,各国都想来插上一脚,而将中国白银偷运出海,在境外铸造成银币再走私入境内销售牟利的外国黑帮也成了一股不小的势力。以张之洞为首的洋务派自然不甘心将货币铸造权拱手让与外人。首批广东银圆的开炉投产，拉开了100多年前一场"货币战争"的序幕。

计量标准不用称　外国银圆受欢迎

现在，只要我们不出国门，在日常生活中就很少用得着外币。然而，在一两百年前的广州城里，使用外国银圆是司空见惯的事。不管是买房子买地、娶媳妇送彩礼，还是日常购买柴米油盐，人们大多喜欢使用外国银圆。

据著名学者吴志辉、肖茂盛在《广州货币三百年》一书中的考证，1802—1825年，外国银圆在广州的流通比例高达53.66%，足足占了货币市场的半壁江山；从1898—1908年，广州一地外国银圆的进出口总额更是近1亿元，以当时一银圆可兑换约0.7两白银的惯例来计算，即为7000万两白银（其购买力约相当于现在人民币140亿元，笔者注），这一数字也已相当惊人了。

市面上这么多外国银圆都是从哪儿来的？这当然与广州长期"一口通商"的地位有关。大家都知道，在洋人想出用鸦片坑害中国人这个损招之前,我们的对外贸易一直处于顺差状态,当时前来广州贸易的外国商船,几乎都是满载银币,以备采购之需,各种外国银圆可以说是如潮水般涌入广州。

最早流行的是西班牙银圆,被称为"本洋"。"本洋"多是在西班牙的南美殖民地铸造的,要知道,西班牙之所以一度成为欧洲首屈一指的大土豪,就是因为霸占了南美的大量金矿银矿。"本洋"的确质地精良,在广州的优势地位十分明显。19世纪20年代,墨西哥人把西班牙人打回了老家,开始独立铸币,"本洋"才渐渐衰落。墨西哥铸造的银圆正面有雄鹰图案,被称为"鹰洋"。据学者研究,"鹰洋"先是盛行于广州,之后又风行全国,直到20世纪初,全国流通的"鹰洋"仍有数亿元之多。

墨西哥"鹰洋"大受欢迎,英国人看不过眼了。19世纪末20世纪初,他们以东南亚的几个殖民地为据点,铸造了数亿枚印有女王头像的银圆,投入中国境内,其中不少流入了广州。此外,美国人、法国人也不甘寂寞,铸造了大量银圆,要在这里分一杯羹。

说到人们青睐外国银圆的原因,"方便"二字就足以解释了。其实，不管哪个国家铸造的银圆，最初在广州全当普通白银使用。十三行的行商接受之前，总是先称一称重量，由此也总结出了一枚外国银币重约0.7两的经验。后来，随着外国银圆越来越普遍，商人们渐渐也就不再称重，而是直接以"银圆"为单位进行交易，这就大大节省了交易成本。

当时，市面上通行的货币主要是铜钱、银子和银圆三种。把它们拿出来比一比，铜钱太重，只能用于小额买卖；银子不但要称，各种码子换起来还特麻烦；只有银圆计量标准，一买一卖极其便利。于是，从大宗交易到房屋买卖再到柴米油盐，外国银圆在广州人的生活里"步步生根"。

走私白银铸币　"外国黑帮"赚翻

供需决定价格，这是人类经济生活的第一定理。外国银圆既在广州大行其道，其身价渐增也在情理之中。其实，就成色而言，外国银圆比不上国内的纹银。纹银成色很少有低于9.3成的，而银圆成色多在9成以下，一枚重0.7两的外国银圆，所含纯银不过0.6两多一点。然而，由于市场的欢迎，在很长一段时间内，银圆的身价总要高过银两。19世纪40年代，一枚银圆居然可以兑到0.8两多的银子，就算不考虑成色差异，使用银圆还是能捞到不少便宜。

外国银圆本就由白银铸成，不过借由机器之力，换了一身标准化的"马甲"，居然就能升值一成，这一事实让很多不法洋人发现了一条生财之道，"钱景"之广阔令其兴奋不已。这个办法说白了很简单，就是用中国人的银子赚中国人的钱。他们先用银圆购买大量白银，然后想尽办法偷运出境，铸成银圆后再运回国内销售，从中不断"套利"。他们就这样周而复始，间或还在铸币的时候掺点其他金属，以赚取更多利润。渐渐地，这些空手套白狼的洋人形成了一股不小的势力，开始危及广东的金融安全，用"黑帮"二字称呼他们，虽是戏言，却不算太夸张。

广州一向是"天子南库"，"外国黑帮"这样大发不义财，地方大员当然很不爽，指控洋人"以中国之银铸成洋钱用入中国，彼则安享其利"之类的奏折不断递到北京。此外，货币发行本来最能体现政府权威，现在被外国银圆占去大半壁江山，自己不知道吃了多少暗亏，一向主张"师夷长技以自强"的洋务派也很难坐得住了。在他们眼里，应对之道唯有一个——引进机器，自铸银圆，把被外国人夺去的地盘抢回来。

用今人的眼光看，自铸银圆不过是给白银穿上一件标准化的"马甲"，说不上有多大难度，但在当时的朝廷眼里，这可是改变祖宗成法的大事，轻易碰不得。所以，虽然两广总督林则徐早在1833年就已向朝廷提出"欲抑洋钱，不如官局先铸银钱"的建议，其后也有多位大员建言自铸银圆，朝廷都束之高阁，直到50多年后，清廷统治已摇摇欲坠，自铸银圆的事才被两广总督张之洞真正提上了日程。

广东自铸银圆　影响扩至京沪

1887年4月，广东钱局在广州大东门外黄花塘破土动工，1889年2月落成。钱局使用的铸币机器全从英国采购而来，锅炉、车床、钢模、砝码……一应俱全。1889年4月，钱局开始上线铸造第一批广东银圆。

别人都没办成的事，怎么张之洞就办成了呢？要想深究原因，还得从太平天国运动说起。"天兵天将"轰轰烈烈闹了十几年，占据的又是全国最富庶的地方，直接切断了朝廷的税源。朝廷对内要平叛，对外要赔款，税收又大大缩水，简直穷得连裤子都要穿不上了。清政府实在没辙了，只好允许各省督抚自设官钱局，筹饷练兵。换言之，货币发行权直接下放给各省封疆大吏了。正是这一政策为张之洞自铸银圆带来了潜在机遇。

按照张之洞最初的设想，广东自铸银圆的成色一定要好过外国银圆，这样才能赢得老百姓的信任。因此，第一批广东银圆的重量足有七钱三分（0.73两），成色也在9成以上，被学者称为"七三版"银圆。谁知这批银圆入市流通后，很快就被大批奸商收入囊中，回炉熔化后，铸造成色较低的银圆，重新投入市场，大发其财。身为洋务派先锋的张之洞岂能容忍奸商这样玩弄"劣币驱逐良币"的伎俩？为了缩小不法奸商的利润空间，从第二批开始，广东银圆的重量减至七钱二分（0.72两），成色也略有下降。

1889年10月，张之洞调任湖广总督，李鸿章的哥哥李瀚章接任两广总督，也接过了铸造广东银圆的大旗。之后的十多年间，总督换了多任，但广东银圆的铸造从没停过，先后铸造了数亿枚，入市流通。虽说从第二批开始，广东银圆的重量与成色都略有缩水，但放到货币市场上，还是要稍胜于多数外国银圆，因此很受欢迎，就此打破了外国银圆的垄断局面。我们在上文也说了，当时各省督抚多有货币发行权，比如，张之洞到了武汉又开始大造"湖北版"银圆，各省也在竞相铸造地方银圆。就是在这样竞争激烈的环境下,广东银圆不但在粤港大受欢迎,而且还深入江浙腹地,铸造的辅币——二角、一角银毫更因为使用方便,风行沪上。广东银圆的影响力,由此可见一斑。

一个方圆不过0.3平方千米的弹丸之地,却拥有40多家洋行。做的进出口生意包罗万象:胆儿肥的卖军火;实力雄厚的卖石油;高大上的向富人推销私人飞机、电风扇等当时刚刚问世的奢侈品;一家名不见传的丹麦洋行,甚至从垃圾堆里的鸭毛中找到商机,将鸭毛卖到欧洲,也赚了不少……

洋行风云:数十家洋行沙面"斗法"

"无论朝夕寒暑,沙面总是幽静轻美,江风轻轻拂过,树上发出沙沙的响声……洋房里传出清脆的打字声,球场上几个西洋人在拍网球,一些西洋的孩子在草地上跳,几个保姆推着小孩子坐的摇篮,跟他们咿咿呀呀地玩笑,此外就只有一片宁静而阴森的气息……"以上这段文字是我从1938年出版的《工程都市小丛书 广州卷》中摘录下来的,文中的沙面在我们看来既熟悉又陌生。其实,在宁静的表象之下,岛上数十家洋行无时无刻不在激烈斗法:从最"高大上"的私人飞机与风扇、自行车,到最上不得台面的鸭毛、鸡毛,他们无所不买,也无所不卖;为了收集同行的情报,他们往往要收买"间谍"甚至互派卧底;他们还在数十家报纸上打出广告,引领城内一波波洋货潮……如今,这些争战早已销声匿迹,只剩下一座座老洋房"幽静轻美"地矗立在江风中。

洋商云集竞买　地价两日翻番

说起来,昔日的沙面实在是个很迷你的租界。这个小小的人工岛屿,用不了半小时就能走完一圈。不过,当年把它确定下来成为租界,倒也费了一番周折。

1857年12月,也就是第二次鸦片战争爆发后的第二年,外商聚集的十三行商馆区被一场大火付之一炬,外商开始寻找新的栖身之所。其中很多人想搬到对岸的芳村,因为那里有不少商馆的仓库,但芳村隔着珠江,交通不便;也有人相中了繁华的西濠口,但西濠口拆迁要付一大笔地价银,且居民铁定不愿意。最后才定下了沙面。这里当时虽说还只是江畔的一片泥地,每次潮水一来,就淹得只剩下几间茅屋,但这里靠近富庶的西关,外商出入十分方便。

于是,1861年9月3日,两广总督劳崇光分别与英法两国官员签订租约,其中英国租得44英亩(约0.18平方千米),法国租得11英亩(约0.04平方千米),而两国每年支付的租金不过区区几百两白银。大概劳崇光心里也有点发虚,直到双方互换合约之时,他才向朝廷上奏此事,说自己答应英法租赁沙面,实在是出于不得已,顺便还夸耀了一下自己以寥寥数语平定洋人惊疑之心的功劳。他这一招果然有效,咸丰帝不但没有责备他,还对他说了句"朕怀甚为欣慰",这一对"冬烘"君臣就这样稀里糊涂把沙面"贱租"了出去。

再回头说英国人,他们一边喊着快签约,一边使劲催促广州官方着手修整工程。为此,当局动用大量人力,先在水底用花岗岩把沙面周围垒成椭圆形,然后从上游运来砂土倒进去,使得地基高出水面十多米,再在北部挖出一条人工河,用花岗岩砌成河堤。工人们就这么日夜赶工,硬是建成了一个方圆55英亩(约0.22平方千米)的人工小岛。

1861年9月4日,也就是租约签订的第二天,英国人就急着卖地了。他们把英租界分成82个地段,除了领事馆、教堂等占用的几个地段外,其他全部拿出来向外商拍卖,每个地段起价4000美元,结果短短两天就卖出了55块地。江边地段尤为好卖,最便宜的都卖出了5000美元,最贵的则卖出

8000美元。把租来的地拿出来拍卖,还卖出了这么高的价钱,这样的买卖真是一本万利。

沙面的地块如此好卖,买家又是些什么人呢?根据史料记载,这些买家不是银行,就是从事进出口贸易的洋行。其中有些是我们至今还耳熟能详的,比如汇丰银行、渣打银行、太古洋行、屈臣氏药房、美孚洋行等,有些早已湮入历史长河了,比如当时颇有影响力的旗昌洋行。

据统计,当时进驻沙面的大小洋行有40来家。它们纷纷聘请建筑师,盖起一座座洋楼。一个小小的人工岛,就此成了一个"西洋建筑博物馆"。随着各项设施的完善,地价也节节上升。到1938年,这里每块土地的售价已升至数万美元,直追城内黄金地段的地价。

洋行互探情报　广告投入重金

就像本文开篇所引的那样,从外表上看,沙面是很静谧的。但这种静谧只是表象,假如我们有机会穿越回去,推开一间间洋行的门,马上就会被卷入一股看不见的硝烟:外商与华商互挖墙脚,同行与同行彼此刺探情报,经理与职员勾心斗角……这个看似世外桃源一般的地方，无时不暗流涌动。

酒吧、弹子间、冰室等娱乐设施一应俱全的"英商俱乐部"（位于沙面大街60号，建于1868年，被公认为沙面最有特色的社交场所）里边，那些当面对人彬彬有礼的西洋绅士，背后想着怎么把对手的生意抢过来，也实在不是什么新闻，有人的地方就有纷争，何况还是这一群天天在"冒险家的乐园"里揾食的洋人。

这40多家洋行做的进出口生意包罗万象：胆儿肥的卖军火，不但跟各路军阀有生意往来，有时土匪头子也是他们的座上客，德国一家洋行就曾代理德国克虏伯炮厂，将军火出售给军阀莫荣新，"南天王"陈济堂也曾通过洋行购买过英国出产的高射炮；实力雄厚的卖石油，亚细亚、美孚和德士古是最有实力的"三巨头"，他们合纵连横，将石油销售网络深入广东乡村每一个角落；"高大上"的向富人推销私人飞机、电风扇等当时刚刚问世的奢侈品；头脑灵活的则是布匹、西药、染料、纽扣、针线、铁钉、火柴无所不卖，连本地人七月烧衣拜鬼用的五色衣纸，他们也瞅准机会，从海外进口，再卖给各处的洋杂货店；有一家名不见传的丹麦洋行，甚至从城内垃圾堆里的鸭毛中找到商机，与四邻八乡的废品店建立联系，收购的鸭毛堆得山一样高，卖到欧洲，用作羽绒原料，也赚了不少；至于太古的洋糖、屈臣氏的汽水，今日仍然随处可见，在当时更是走俏的热门洋货。

一个方圆不过0.3平方千米的弹丸之地，却拥有40多家洋行，其竞争的激烈程度可想而知。竞争一激烈，大家就要打广告，要打广告，只有找报纸。因而翻开当时的老报纸，总有整版整版的洋行广告。"本行直接欧美各大名厂，专办各种新式机器……特聘著名机师，常川驻港，悉心讲求，使各振兴事业家，得以面谈方略，详审机宜"，这是安记洋行在1911年12月的《光汉日报》上刊登的广告，字里行间尽显售后服务之贴心；"若当盛夏之时，可以免暑气之侵，可以快五官之适"，这是屈臣氏大药房的花露水广告；"精美绝纶，已历年所，凡所到各款洋货无不美备"，这是啰士洋行推广西洋丝袜的广告。论起在报上打广告的价格，像坊间知名的《赏奇画报》，一个一寸见方的广告，全年收费20个银圆，虽然算不得便宜，但回报总是高于推广商品的成本，因而洋行仍乐于负担。

一个穷哥们年初向当铺借了10块钱,到年底连本带息,没准就要翻一番,再加上铺主种种办法的精心算计,其盘剥程度近乎高利贷,所以小押的贷款模式在坊间还有一个说法,叫作"雷公卖",无助的借款人多希望苛刻的债主遭遇滚滚天雷啊!

典当风云:官商蜂拥投资　当铺多过米铺

当下,互联网金融这个概念热到爆棚,你要是说不出"云计算""第三方支付""P2P""网络众筹"等新名词,简直不好意思出门跟人打招呼。不过,不管这些新事物看上去有多时髦,其实质仍是为了创造更多有效利用资金的渠道,这也是金融这一概念的本质。在这个意义上而言,热闹非常的互联网金融大戏,就像是以往大红大紫的当铺、票号和钱庄换了个"马甲"的"现代版"。而细细考究这些"金融老祖宗"的成败得失,品味那个年代投资竞争大戏之神韵,或许可以为今人提供一些借鉴。

投资热潮：
民间资本蜂拥入　地方大员凑热闹

清末民初的老广州商业发达，资金需求十分旺盛，大小当铺共有 400 多家。民间资本热衷于开当铺，官方资本也来插一脚，"要想富，开当铺"的俗谚传遍坊间。当年典当业的火爆程度，绝不亚于今天风生水起的互联网金融。

且让我套用一下俗滥了的穿越小说模式，假设你是个正准备逃离北上广的普通青年，刚把番禺的房子卖了，正揣着两百万元的现金去火车站，谁知在电梯上脚一滑，掉入时空隧道，穿越到了两百年前的广州城里，身上的两百万元人民币也变成了万两白银（按照相关学者的研究，当时一两白银的购买力约相当于现在的 200 元人民币，笔者注）。要知道，当时普通人家的年收入不过几十两白银，于是，你立刻由一个现代普通青年变身为可以纵横老广州的超级土豪，发达了！

为此，你决定不再穿越回去了，怀揣着如此丰厚的第一桶金，你开始寻找投资机会。其实这并不难，只要你到街上多转转，到高档茶楼里多听听大佬们的闲谈，再到文德路书坊街翻一翻各路书商刻印的投资秘籍，很快就能做出正确决定:开当铺。要知道,坊间正流行着"要想富,开当铺"的俗谚呢,而全城"当铺多过米铺"的盛景也昭示着这个行业的美好"钱景"。

以上虽是区区小女子的戏笔,却也真实反映了老广州典当业的火爆程度。虽说主要都是经营贷款业务,那时开当铺比现在开银行容易多了。只要你手头有个几千上万两的白银,通过当地县衙向省里的藩司申请个执照(辛亥革命后,改为向省财政厅申请),就可以开张营业了。开当铺也要交税,不过税并不重,按清代中期户部的规定,每个当铺一年的纳税额不过5两白银;就算到了清末,每个当铺的年纳税额增加到了25两白银,但相对于丰厚的利润而言,不过是"湿湿碎"(一点点)。门槛不高,税收不重,管制又少,又逢老广州商业发达,资金需求旺盛……正是这诸多因素使得清末民初的典当业风生水起,火爆异常。

皇家热衷开当铺　地方官上行下效

当时,你随便站在老西关哪个高楼上举目四望,看到最多的必是当铺的招牌:这边厢,"和安""和合""德成""两成"晃人眼;那边厢,"德昌""义信""义兴"人簇簇。再说河南,同福大街一带几个富商豪宅附近，"恒隆""兴隆""义友""泰昌"等知名字号扎堆出现，门口还高挂着"岂是因财取利，无非周急为心"之类口气"体贴"、照顾客户体验的对联。据统计，清末民初典当业最为兴盛时，全城大大小小的当铺总共有400多家，所谓"当铺多过米铺"，一点不差。

这些当铺的投资者，除了民间商人外，大概也有不少带着官字号的背景。往大里说一点，就全国范围而言，皇家是最大的当铺投资者。据史料记载，晚清年间，皇家内务府开了十几家当铺，收取巨额利息，比如，只嘉庆六年这一年间，皇家十几个当铺就收了6万多两白银的利钱。当朝皇上成了投资当铺的第一号大佬，地方大员们自然有样学样，投资典当业者比比皆是。

据著名档案专家宋秀元先生撰文所述，晚清年间的典当业事实上形成了"皇当""官当"和"民当"三足鼎立的局面。笔者虽然无法找到广东的地方官员投资当铺的直接记录，但综合以上史料推测，面对利润如此丰厚的典当业，本地地方官未必耐得住寂寞，坐失投资良机。

穷人借当年底翻一番　贷款模式被咒"雷公轰"

现在一说起当铺，人们脑海里总会浮现出一个愁眉苦脸的穷哥们的形象，只见他拿着几件破衣烂衫，怯生生走进当铺，顶着伙计鄙夷的目光，唉声叹气地拿上两个小钱，对付一天的柴米油盐。

现代人关于当铺的刻板印象，其实只适用于当时典当业最低端的一类机构——小押。小押的特征是贷款期限短——多在一年以下，有的只有三个月，基本上什么杂物都收，而且押价给得也比较高，多半能给到实物价值的六七成，适合穷人光顾。当然，小押收起利息来也毫不手软，按照学者陈鸿钧、李克义的研究，"小押"的月息总在 5～10 分之间。一个穷哥们年初向当铺借了 10 块钱，到年底连本带息，没准就要翻一番，再加上铺主种种办法的精心算计，其盘剥程度近乎高利贷，所以小押的贷款模式在坊间还有一个说法，叫作"雷公轰"，无助的借款人多希望苛刻的债主遭遇滚滚天雷啊！

除了小押，典当业更为高端的机构还有两类，一类为大当，另一类为大押，两者的区别在于贷款期限，大当的贷款期限多在三年以上,大押的贷款期限则多为两年或一年。与"小押"比起来,"大当"和"大押"给的押价较低,大约只有实物价值的5成,但利息相对也低,多半只收3分利。

因此,真正出于商业资金周转需要的有钱人往往会选择"大当"或"大押"。他们押给当铺的东西也多是房契、金银首饰、古玩字画之类,与穷人的犁耙农具、衣服被帐比起来,要""高大上"得多。由于当铺林立,竞争激烈,很多"大当"和"大押"为吸引优质客户,往往会降低贷款利率。民国初年,典当业公会为限制恶性竞争,达成了"价格联盟",一致约定"本银10两,月息3分",但不久这个"价格联盟"就被打破了,有些当铺堂而皇之挂出招牌,将月息减至3分以下。

穷人与富人的待遇有天壤之别,的确让人感慨资本的无情,但以小女子的肤浅见识,若说当铺之存在主要是为了盘剥穷人,却也不符合历史事实。穷人到处都有,但老广州的当铺主要还是坐落于西关、东山的商业发达地,说明它们主要还是为了满足商人的融资需求。再说,珠江南岸的当铺为什么要集聚在几个富商豪宅附近呢?不也是因为靠近优质客户容易发财吗?

说白了，当铺的营利模式就是提供抵押贷款，然后收取利息，实施的是最基本的金融功能。既然是玩金融，资金规模当然是重中之重。当时在老广州，凡是开当铺的，都会盯着一块大肥肉——政府存款。各级政府除了自开当铺经营外，还会将大量"官款"存入其他当铺，收取利息。比如，1839年，两广总督邓廷桢、广东巡抚怡良就将3.5万两"官款"作为本银，起息一分，存入若干大当铺，第二年光利息就收了3500两，而吸收存款的当铺也大吃"利差"，赚了不少钱。

其实，现在香港还有200多家当铺，如果你留心一下它们的灯箱广告，就会发现其上半部都有蝙蝠图案。这里边就有个掌故：话说乾隆年间，官府曾将巨额库银存入各大当铺，收取利息，广州的典当业公会做出决定，凡是接存了这笔官款的当铺，招牌上都要点缀蝙蝠图案，以取"引福归堂"之意。

老广州典当业的好日子持续到20世纪初。之后，新式银行渐成气候，人们可用的融资工具大大增多，当铺的经营模式就显得过于僵化和落后了，过往的辉煌反而变成了"转型图存"的障碍，再加上政局动荡，币值不稳，典当业日趋衰落，"当铺多过米铺"的盛景在广州也就日渐式微了。

奇葩行规：
当字云山雾罩　外行很难看懂

《红楼梦》里有个桥段，说的是史湘云、林黛玉两个识文断字的千金小姐，硬是不认识宝钗弟媳邢岫烟的一张当票子。你还真别笑话她们傻，如果现在有一张当票子放在你面前，你也未必能看得明白。因为当铺用的字，绝对是"自成一体，外行难懂"。比如，玉器会写作"假石"，皮袄会写作"皮天"，银器写作"光同"，珍珠写作"黄珠末"，衫写作"彡"，这样的"行话"既可以节约书写时间，又能避免行外人伪造。此外，不管多光鲜的衣服，只要拿进当铺，一概会被安上"破旧"二字，皮衣必是"光板无毛"，钟表必是"破铜表"。没有这样的行规，又怎么能压低押价呢？当铺发财的另外一个手段就不太上道了，或许可以用"雁过拔毛"来形容。那就是，当顾客拿着金银器去典当时，当铺里的伙计就会拿起来左看右看，再蹭蹭刮刮，难免就蹭掉一些碎屑，客户不会太在意这点碎屑，当铺却深谙"集腋成裘"的道理，从每个客户那里搜刮一点点，几年下来，也够打一个金器了，反正这是没有本钱的生意，何乐而不为呢？

他甚至嘱咐女儿,如果他为了科学而坐牢,待到他出狱时,一定要组织各大医学团体,扛上大旗,欢迎他出狱。不过,最终他被判决胜诉,因为失去了为科学而坐牢的机会,他还多次深表遗憾呢。

梁培基发冷丸:粤讴广告唱遍街巷

"哎呀,阿苏老豆,着咗棉衲还打震,快买樽梁培基发冷丸食吓啦,傻瓜!"亲爱的读者,看了这土里土气的歌词,你是不是有点摸不着头脑?不过,在一百多年前,这首儿歌在珠三角可是流行一时呢,它的作者就是20世纪初大名鼎鼎的药商梁培基。为了推广其发明的疟疾治疗药物——发冷丸,他特意编了首儿歌,很快,这首歌就唱遍了珠三角的大街小巷。

作为难得的营销奇才,梁培基推广药物的方法不止儿歌这一种。翻开那时的老画报,时不时就能看到他打出的广告,从"验之如神,日出冰消"的发冷丸,到"补脑填精、助智益寿"的磷质补脑丸,再到号称"烟海慈航"的自然戒烟药露,无不极力揣摩公众心理。正是这些匠心独运的营销手法,成就了老广州制药界一个精彩的商业传奇。

"丸仔"包奎宁 一炮而红
"粤讴"打广告 深入人心

我对梁培基发生好奇心,的确源于老画报上极富煽动力的医药广告。这些贴着"梁培基制"的广告种类还真不少,最吸引眼球的是发冷丸广告。硕大一个画面上,一对小天使将一盒发冷丸对准一座冰山倾倒下去,融化了的冰山上赫然几个大字:"验之如神,日出冰消。"再看一则"自然戒烟药露"的广告,画面上一片黑茫茫的大海,海面中央浮着自然戒烟露的药瓶,药瓶上升起一面希望之帆,上写"烟海慈航"四个大字,再配上"绝无痛苦、自然断瘾"的广告词,一派"救苦救难"的味道。在推广"磷质补脑丸"的时候,梁培基制药则打出了学术的大旗,称该药是"独得制磷善法配成,确能补脑填精、助智益寿"。为免"无证无信",还特地印刷了一些名医论述,免费送给消费者。要知道,这些都是一百多年前的创意,那时广告业才刚刚萌芽呢,但就算把这些创意放到今天来评一评,也算不得落后吧?所以,我一边兴趣盎然地翻读这些老广告，一边开始发问，这个梁培基，到底是何方神圣？

一查资料，我才知道自己孤陋寡闻，原来梁培基是广州近代医药史上一个颇为可圈可点的人物。1875年，他出生于广州一个装船工之家。最初，他父亲想让他学装船，他没兴趣；后来，他父亲又送他进了一家铺子当茶童，眼看步步高升到伙房大师傅了，他又跑了回来，因为还是没兴趣；直到在父亲友人的介绍下，他进了博济医校学医，这才安下心来，好好读起了书，因为他对学医很有兴趣。说实话，20世纪初广州城里的精英人物，我们以前也写过很多，但像梁培基那样一定要做自己喜欢的事的人，还真是第一次碰到。他后来兼医兼商，为了推广药物想出很多"鬼马"点子，或许也跟这样的个性有关吧。他的本家梁实秋先生不也说过这样一句话吗：不管什么样的人，有个性就可爱。

闲言少叙，回过头来再说梁培基的医药事业。他从博济医校毕业后，就开始挂牌行医。话说那时的老百姓看病大多还是找中医、吃中药，尤其是四邻八乡的老百姓，没几个人有机会进城看西医。梁培基发冷丸的畅销，就缘于这种"信息不对称"。当时疟疾流行，老百姓深受其苦，梁培基就把治疗疟疾的西药成分——奎宁与一些老百姓熟悉的中药成分混合,制成"发冷丸"销售。要知道,听到奎宁,老百姓大多云里雾里,但听到"发冷丸"三个字,大家一下子就能明白这药是治什么的了,至于它的有效成分到底是西药还是中药,那也不是病人要操心的事。

为了推广发冷丸,梁培基在各处车站、码头和闹市区贴满"街招"(相当于今天的户外广告),"街招"上的"发冷丸"三个字硕大无朋,人们一抬头就能看见。他还特意编了一首儿歌,教给孩子们唱:"哎呀,阿苏老豆,着咗棉衲还打震,快买樽梁培基发冷丸食吓啦,傻瓜!"(意即"阿苏老爸,穿了棉衣还打颤,快买瓶梁培基发冷丸吃一下啦"。)这歌词听着土里土气,但特对市井百姓的胃口,于是很快就传遍了珠三角的大街小巷,无数孩子成了梁培基发冷丸的义务宣传员。而在老画报上,发冷丸的广告就斯文多了,除了"验之如神,日出冰消"这样""高大上""的广告词之外,他还用市民最熟悉的粤讴来推广发冷丸。这首粤讴唱道:"发冷真正弊,冻得甚难抵。有个话柁符,有个话撤鬼,种种都唔灵……除搂被,问你有乜招?有有有,梁培基有的丸仔,一服即痊愈……一毛钱一盒,胜请医生看……"你看,本来距普罗大众千里之远的奎宁,到了这里变成了既可爱又可亲的"丸仔",它能风行华南,为梁培基挣得第一桶金,就一点也不出奇了。

担风险解剖尸体　为科学不怕坐牢

发冷丸畅销华南,梁培基遂成巨富。后来,他更把全部心思放在制药上,止咳丸、补脑汁、消毒汁、戒烟露乃至花柳药等诸多成药都源源不断从梁培基制药厂内"下线"上市,为他的商业传奇又添上了几个砝码。不过,如果你只把梁培基看成一个精明而善于接地气的商人,那也只是看到了硬币的一面,而硬币的另一面,则是一个满腔热忱,从未放弃"医学救国"梦想的知识分子。1908年,梁培基与十几位热心人士一道,倡议创办光华医社,开了华人自办西医教育的先河。此外,他还参与创办《医药卫生报》,向普罗大众普及卫生常识,无论是办学还是办报,都得投入真金白银,梁培基对此并不吝啬。

除了办学办报,梁培基后来还直接办起了医院。1919年,他与城内十几位同道一起,在二沙岛建起了一座特别的医院——珠江颐养园留医院。为什么说它特别呢?原来,这个留医院是梁培基参照日本一种新型的"旅馆医院"的模式盖起来的。医院对全广州医生开放，医生可以介绍病人入园，医院收食宿费，医生收治疗费，病人则有了更好的疗养条件，三方"合作共赢"。不知道你怎么看，反正我看了是耳目一新，在大家都嚷嚷"看病难，住院难"的今天，这种医疗模式还真是有可借鉴之处。

在珠江颐养园，梁培基再次彰显了个性张扬的一面。话说1934年，有个病人死在了颐养园，家属拒绝领回尸体。园内一名德国医生为查明病因，要求解剖尸体，得到了梁培基的赞同。后来，死者的一名亲戚为了敲诈点钱财，居然状告颐养园"戮尸"。由于案涉外国人，再加上梁培基的名流身份，该案轰动一时。每次出庭前，梁培基都做好了入狱的准备，他甚至嘱咐女儿，如果他为了科学而坐牢，待到他出狱时，一定要组织各大医学团体，扛上大旗，欢迎他出狱。不过，最终他被判决胜诉，因为失去了为科学而坐牢的机会，他还多次深表遗憾呢。

行文至此，我说句不怕有失恭敬的话，这个兼医兼商的一代巨富，内心深处大概一直保留着几分顽皮的真性情，正因为有了这样的真性情，他才可以将最接地气的发冷丸传奇和最高尚的医学救国梦想集于一身，毫不违和。

为了应对英美烟草铺天盖地的宣传,南洋兄弟在1918年创办了《天声日报》,大力宣传国货,同时拒绝刊登英美烟草的广告;英美烟草为了反击,也办了一份《广东日报》,双方你方唱罢我登场,口水战越打越热闹。

烟草巨头"斗法":广告战打得热闹

"大长城香烟,顶上国货,上等社会,一致欢迎!"

"诸君毋忘爱国香烟!"

"爱国的同胞,你们不吸烟就罢了,若吸烟,就一定要吸南洋兄弟烟草公司的大爱国!"

……

这些大声疾呼、请老百姓吸"爱国烟"的广告,曾频频见之于20世纪初的各大报刊,广告主就是当时赫赫有名的烟草巨头——南洋兄弟烟草公司,而它最危险的对手,则是跨国巨头——英美烟草公司。自从南洋兄弟1915年在广州开设第一家分公司以来，双方就频频斗法，从商标战到广告战再到口水战，令人看后大呼过瘾。

狭路相逢
英美烟草：一度市面称雄
南洋兄弟：打进广州分羹

要说这两大烟草巨头的掌门人，那真都是不折不扣的商业奇才。先说英美烟草，它的掌门人是美国烟草大王詹姆斯·杜克，平生最擅长打价格战。关于他有个流传很广的段子：据说19世纪末卷烟机在美国发明以后，杜克的第一句话就是"拿地图来"，然后趴在地图上左看右看，直到看到一行字——"人口：4.3亿"，顿时将手一挥，大声宣布："这就是我们要销售香烟的地方。"

杜克看地图挑中的地方，正是中国。后来，他派出亲信，让他们带着"4亿中国人每人每天吸一支烟"的宏伟目标，远赴中国，开疆拓土。从20世纪初开始，英美烟草从上海、广州等通商口岸起步，一直将销售网络扩展至偏远的中国内地，其生产的"三炮台""海盗牌""老刀牌"等品牌的名气也越来越响，其中以上等烟自居的"三炮台"更成为当时有钱人标榜上等身份的标志,甚至有些吸不起"三炮台"的人也会将其他卷烟放进有"三炮台"标志的铁罐子里,以图让人高看三分。

其实,还是数据更能说明问题:1902年,英美烟草在中国卖掉了12亿支香烟,到1916年,这个数字整整翻了10倍,成了120亿多支,而那一年的销售利润也达到了300多万美元。老杜克对这个数字满意至极,多次表示中国市场的潜力是再怎么估计都不过分的,而作为主要通商口岸之一的广州,那时几乎也是英美烟草"一统江湖"。

就在英美烟草在广州独步天下的时候,一个强劲的对手正在东南亚韬光养晦,渐渐长成,它就是南洋兄弟,创始人是在广州土生土长的两兄弟——简照南和简玉阶。简氏兄弟是苦出身,小小年纪又死了父亲,十五六岁的时候,就到香港帮叔父打理生意了。1905年,两兄弟决意在烟草这个新兴行当里做一番事业,于是自立门户,创办了南洋兄弟。简照南是兄长,平时生意上的大主意都是他定。他也是个精明人,深知若立刻进军内地市场,与实力雄厚的英美烟草正面对抗,那一定没有活路。于是,他走起了"农村包围城市"的路子,用了整整十年时间,在英美烟草的势力没那么强大的东南亚开疆拓土，站稳脚跟。

要说烟草生意看上去诱人，其实真不好做。南洋兄弟的生意几起几落，直到1912年才首次实现盈利。到1914年，南洋兄弟挣了17万多元利润。1915年，南洋兄弟在广州开设分公司，正式问鼎内地市场。

其实，早在南洋兄弟在香港创立之初，英美烟草就使过"商标战"的手段。它称南洋兄弟生产的"白鹤牌"香烟的包装与其生产的"玫瑰牌"如出一辙。在香港官方的助力之下，它还逼着南洋兄弟将价值2000元的"白鹤"烟当众付之一炬，使新生的南洋兄弟元气大伤。

南洋兄弟甫入广州市场，英美烟草又故伎重施，称南洋兄弟生产的"三喜"香烟侵犯了其旗下的"三炮台"香烟的商标，要求南洋兄弟登报道歉，并将"三喜"香烟悉数烧毁。这次，南洋兄弟选择了绝地反击。简照南登报发表声明，宣布"三喜"改名"喜雀"，并将被迫改名的原因公之于众。结果，省城媒体都愤愤不平，个个站出来声援南洋兄弟，连烟贩和烟民都纷纷表态要"支持国货"。改名之后，"喜雀"的销量反而超过了"三喜"，这是英美烟草始料未及的。

斗法广州

南洋兄弟：抽烟别忘爱国

英美烟草：广告打到乡下

1915年的商标战只是双方斗法的热身赛，双方打得更久的是广告战。翻开当年的老报纸，与烟草有关的广告真是铺天盖地，由此也可见当年烟草行业竞争的激烈。

在这场旷日持久的"战争"中，南洋兄弟的杀手锏是其"国货"的身份，旗下的香烟品牌，不是叫"长城""金龙"，就是叫"爱国""富国"，充满了爱国的味道，而其在报纸上的广告，更是高举"爱国"大旗。为"长城牌"香烟做广告，它说，"大长城香烟，顶上国货，上等社会，一致欢迎"；为"金龙牌"香烟做广告，它说，"为若上等烟之冠，舶品之观念可冰释矣"；为"大爱国"香烟做的广告则更加慷慨激昂："吸烟事小，爱国事大，爱国的同胞，你们不吸烟就罢了，若吸烟，就一定要吸南洋兄弟烟草公司的大爱国！"在宣传国货的同时，南洋兄弟也不忘"黑"英美烟草一把，发布广告称"专务奢华，喜用外物"的行为是误入歧途，唯有吸"中国烟"，才能回头是岸。将吸烟与爱国联系起来，可以说是那个年代特有的一大景观。

对南洋兄弟打出的"国货广告",英美烟草大为头疼,但它在广告战中玩出的其他路数,却也是炉火纯青。当时,一般企业的广告只在城里打,它却把广告网络拓展到了乡村的角落。"巨型香烟广告牌充斥着阴暗的古砖墙,光怪陆离的色彩遮掩了它古老的年代。"这是著名作家赛珍珠不满香烟广告充斥乡间而发出的抱怨。此外,英美烟草最善于在促销礼品上做文章,卷轴、传单、日历、月份牌、车罩、人力车夫的脚垫,全都设计得又精致又漂亮,还有妩媚的女星画像。这些促销礼品通过经销商扩散出去后,充斥了全城的茶楼、酒肆、学校、衙门以及大街小巷,几乎到了无孔不入的地步。为了应对英美烟草铺天盖地的宣传,南洋兄弟在1918年创办了《天声日报》,大力宣传国货,同时拒绝刊登英美烟草的广告。而英美烟草为了反击,也办了一份《广东日报》。双方你方唱罢我登场,口水战越打越热闹。

口水战打打也就罢了,可双方在市井坊间的"互黑"手段,更是令人倒吸一口凉气。英美烟草用的最狠一招,就是动用资金在市面上大量收购南洋兄弟旗下的香烟,待霉变后又廉价出售,买到霉变烟的烟民再去找南洋兄弟退货赔钱,一时间南洋兄弟信誉大受影响。这样无底线的手段自然招来对手的切齿痛恨,南洋兄弟一怒之下,凭借与时任警察厅厅长陈景华的私交，说动其出了一个绝招：所有的死刑犯在临刑前，都要手持英美烟草生产的"老刀"牌香烟，沿街吸食。要知道，广州人最重"意头"，这样让人"走霉运"的香烟，当然敬而远之为好。南洋兄弟的这一招不仅大大降低了"老刀牌"的影响力，甚至使得英美烟草旗下的其他品牌也"一损俱损"，销量大跌。这样的商战，的确是"你死我活"的战斗呀。

20世纪30年代,无论是西关的"酒林肉海"、江畔的生猛海鲜,还是大小茶楼里的精美点心,都使得来自五湖四海的"吃货"大快朵颐。广东名厨梁贤在巴拿马国际烹饪比赛会上荣获金质奖章,更使得"食在广州"的美名传遍世界。

食得是福:80年前广东酒楼"冠绝中外"

"广东之酒楼,可谓冠绝中外。其建筑之华美,陈设之优雅,器具之精良,一入其中……菜以鱼翅为主品,其价每碗10元至50元;10元以下,不能请贵客也。翅长数寸,盛入海碗,入口即化……烧猪、蒸燕窝等亦为珍品……至平常之菜,大约8元至10元,亦颇冠冕矣……"这是民初著名学者胡朴安先生所著《中华全国风俗志》中的一段话,说的是当年广东酒楼宴饮之情形,"冠绝中外"四字说尽"食在广州"之盛。

初次品尝"煲汪汪" 洋商同样"企唔稳"

都说广州人"吃得生猛",又说"脍不厌精,食不厌细",从两百年前广州"一口通商"时期洋人的记录中可一窥端倪。当然,他们可不是去普通的酒楼,而是去十三行行商的家里享用高端"私房菜"。

于1825年来广州的美国旗昌洋行商人亨特曾多次到同文行商人潘启官家赴宴,宴席之豪华令他在其著作《广州番鬼录》中津津乐道。亨特回忆说:"我曾参加过一次无外国菜的'筷子宴',吃的菜有美味的燕窝羹、鸽蛋,还有海参、精制的鱼翅和红烧鲍鱼。"席间还上了狗肉煲。后来,一些洋商还编了个顺口溜,形容狗肉煲给他们带来的惊奇。顺口溜是这样说的:"放近面前的／看来似乎是一只鸭／细细端详,他已头晕目眩／转向侍仆,指着菜叫'嘎,嘎'／这个中国人摇头,随即有礼地鞠躬／并说出,'煲汪汪'。"面对"煲汪汪",洋人很快明白了"狗肉滚三滚,神仙企唔稳"的寓意。时至今日,潘启官私家宴中出现过的这几道菜,仍是粤菜中当之无愧的精华。

十三行富商家的高端私房菜自然不是普通人有福消受的。

不过，当时的广州城内已是酒楼密布、食肆成堆。据史料记载，晚清年间，广州已有贵联升、福来居、玉醒春、品连升等大字号。其中，贵联升尤以"满汉全席"出名，108款美食集合名菜正食、地方小食、四时佳果为一体，大盘小盘齐上，口福和眼福齐饱；贵联升的鱼翅也甚为出名，以至当时还流传一首"竹枝词"："由来好食广州称，菜式家家别样精。鱼翅干烧银六十，人人都说贵联升。"

稍晚一点，文园、南园、漠觞、西园这四大酒家横空出世，文园的江南百花鸡，用鸡皮酿上花胶烹制而成，令人食而忘返；南园的白灼螺片，"一沸即起，甘脆鲜美，不可名状"；漠觞的香滑鲈鱼球刀工精致，鲜嫩爽滑；西园的鼎湖上素，由肇庆鼎湖山庆云寺庆云大师指点烹制而成，清香四溢。

高端酒楼装修华丽，而且夏有电扇，冬有暖炉，还特意开辟了很多包间。到这里吃一顿，餐费加上包间的房费，还有打点侍者的小费，总得花上数十甚至百来大洋，但20世纪二三十年代，广州商业发达，豪客众多，因此这些酒楼常常"吃货如云"，以至当时一些大酒楼旁的住客抱怨"半夜睡醒犹闻猜拳行令，打牌呼喝之声"。

蛇羹是广州人喜好的饮食之一，民国年间的专业"吃货"都知道，吃蛇要去老字号"蛇王满"。"龙虎烩"据说是由晚清广东美食家江孔殷首创，将蛇和猫加工成肉丝，用姜、葱、盐和酒煨熟，再把冬菇丝、木耳丝、陈皮、蛇汤及蛇、猫肉丝等放在一起烩制而成，味道十分鲜美。20世纪30年代，广东名厨梁贤在巴拿马国际烹饪比赛会上荣获金质奖章，号称"世界厨王"。

茶楼最早现于晚清　数百种点心换着吃

看官您要说了，这高档酒楼去一趟就得花掉上百个银圆，普通老百姓哪消受得起啊？别着急，您还可以去茶楼啊。

据专家考证，广州的茶楼最早出现于光绪年间，模样也很粗糙，不过就是小小一个店面，摆上几张桌子椅子，卖卖王老吉凉茶（大名鼎鼎、新闻不断的王老吉的确在那时就有了）、竹蔗茅根水以及菊花陈皮茶之类，大多有清喉润肺之功效，捎带也卖卖糕点。这最初的茶楼俗称"二厘馆"，因茶价只需二厘，十分便宜，所以深受普通市民的欢迎。

20世纪二三十年代，大小茶楼总有上百家之多，遍布于惠爱路（今中山五路）、汉民路（今北京路）、长堤、西濠二马路和西关上下九一带，其中，天元、惠如、莲香、成珠等更是其中的佼佼者。各家茶楼提供的点心，加起来少说也有上百种之多，就算您日日上茶楼，每次"一盅两件"，吃上一个月，可以不带重样的。第一大类，是从老祖宗手里流传下来的传统美点，比如炒米饼、米花、薄饼、端午粽、重阳糕、荷叶饭、粉果等；第二大类，是从北方流传过来，又经南粤名厨改良后的精美点心，比如灌汤包、萨琪玛、烧卖、云吞等；第三大类，是从海外传过来的美食，比如马拉糕。当年的巧手师傅还创制了笋尖鲜虾饺、甫鱼干蒸烧卖、掰酥鸡蛋挞、蜜汁叉烧包等名点，令人垂涎三尺。

这里有一张当年流行的点心单。看着这张单子，笔者不禁感叹，从早往这茶楼里一坐，哪里还挪得动步啊。且看，早餐有鲜虾烧卖、蚝油叉烧包、红豆沙包、网油牛肉、鹅肝烧卖、鸡球大包和鲜虾饺；午时咸点有凤凰虾扇、蟹肉露酥、甫鱼烧卖、冬菇鸡卷；午时甜点有果露蛋挞、红豆沙包、奶皮蒸品……点心样数多，价格也很亲民，每碟不过在半毫到一毫（相当于人民币两元到五元）之间。兜里揣几个银角子，点壶茶，要两碟点心，就能消磨一上午了。

茶楼流行点心单

早　　餐：鲜虾烧卖、蚝油叉烧包、红豆沙包、网油牛肉、鹅肝烧卖、鲜虾饺……

午时咸点：凤凰虾扇、蟹肉露酥、甫鱼烧卖……

午时甜点：果露蛋挞、红豆沙包、奶皮蒸品……

茶楼一多，竞争自然激烈，不少茶楼都推出了特色点心，后来还出现了"星期美点"的新手段，开风气之先的是位于十八甫的陆羽居茶楼。其点心师傅郭兴别出心裁，以一个星期为单位，每周点心不少于12种，每周一换，色泽搭配极为俏丽美观，简直把食物做成了艺术，令顾客食后返寻味。其他茶楼纷纷效仿，"星期美点"的做法就流传了下来。

到了20世纪初，电灯开始普及，大大小小的茶楼纷纷灯火通明，大多要营业到深夜才打烊，夜茶市场也由之兴盛。有文人看不惯，发文感慨："吾儿女劳心劳力，终日劳苦，偶尔于暇日一至茶市，与二三知己品茗深谈，固无不可。乃竟有日夕流连，乐而不返，不以废时失业为可惜者，诚可慨也。"其实没啥好感慨的，没听地道的老广州说嘛，"食得是福"，这个福气在这座城市里绵延不断，直到今天。

用"一毛不拔"这个贬义词用来形容牙刷的坚固耐用,简直是神来之笔。梁日新必是苦思冥想,才有了这个创意。这非一般的专注和用心,也是他能从诸多小贩中脱颖而出的最重要原因吧。

"一毛不拔"梁新记:
一支牙刷撑起一个商业帝国

说起"一毛不拔",大家都不会觉得这是一个好词。可在20世纪30年代的广州繁华地带西濠口,偏偏挂着一个硕大的广告灯箱,上面"一毛不拔"几个大字特别醒目,引得路人个个多看两眼。原来,这是当时最知名的牙刷品牌——梁新记牙刷的广告,"一毛不拔"正是形容牙刷的坚固耐用。此外,梁新记牙刷还聘请了几十个"行街仔",背着牙刷箱四处沿街叫卖,箱子上一边写上"一毛不拔",一边写上"脱毛包换"。嗓子好的"行街仔"能把一句"有一毛不拔嘅梁新记牙刷卖咧"喊得像唱歌一样,使得"梁新记"的品牌更加深入人心。

正是靠着别出心裁的广告语和无孔不入的推销术,"梁新记"从不起眼的流动摊档起家,在广州打出了一片天下,以至"凡有旺地必有梁新记",后来更在全国范围内构建起庞大的销售网络,连京沪线、京广线沿线的民房上都画满了"梁新记牙刷一毛不拔"的广告,当时鼎鼎大名的"美人鱼"杨秀琼也曾为它大做宣传。我们说小小一支牙刷撑起一个商业帝国,还真不算夸张,而一直到今天,很多老一辈的人提起"梁新记",都有一箩筐的故事要讲。

粤人最早流行刷牙　穷小伙盯上牙刷业

说起牙刷,还真不是完全的舶来品。据学者考证,我国在宋代就已出现了用马尾做刷毛的植毛牙刷。刷牙药膏也颇为考究,大多要用柳枝、槐枝、桑枝、细辛、沉香等中草药材熬制而成。宋代《天平圣惠方》还建议人们早晚都要刷牙,以远离齿疾。不过,虽然牙刷在中国出现得很早,但刷牙的习惯远未普及。翻开成书于清代的《红楼梦》,连贾宝玉这样的贵族公子,早晚不过是用手指蘸点青盐,擦一擦牙就完事,一般平民百姓就更不知牙刷为何物了。

现代植毛牙刷的出现，则要等到1770年，它还是一个名叫威廉·阿迪斯的英国囚犯在监狱里发明的。原本英国人都是用布头擦揩牙齿的，威廉·阿迪斯深觉不便，就开始着手改进。他找来一根长而扁平的骨头，在一端钻了几排小孔，又找看守要了些猪鬃毛，绑成一簇簇，涂上胶水，嵌入小孔中，世上第一把现代牙刷就此诞生了。出狱后，阿迪斯办起了自己的工厂，取名"智慧牙刷公司"，生意十分红火，他也发了大财。

言归正传，我们早就说过，广州通商日久，西方的新发明新产品，用不了太长时间，就会在这里出现，并渐渐形成风尚。牙刷也是如此，用"梁新记"的元老梁日盛在回忆录里的话来说，中国首先使用牙刷的就是广东人，中国的牙刷制作也是从广东开始的。

到19世纪末，广州及其周边地区已有不少牙刷作坊。这些作坊都是纯手工制作，工艺还停留在威廉·阿迪斯的水平上。他们把一根根牛骨锉成长条形，再用脚踏的钻子钻四个洞，然后把一撮撮猪鬃毛穿在上面，就成为一支牙刷了。

这样的牙刷卖相是丑了点，但老百姓只要实用就好。进入

20世纪后,随着口腔知识的传入以及牙科和牙医的出现,刷牙更成了摩登生活的象征。广东乃至全国的牙刷市场开始出现巨大商机,而这个商机被一个从小在佛山牙刷作坊里当穿毛工的穷小伙紧紧抓在了手里。

六十银圆本钱起家　沿街叫卖照创品牌

这个穷小伙就是梁新记牙刷的创始人梁日新。根据其弟梁日盛的回忆录,梁家本是佛山望族,但到了他们父亲这一辈,已是家道中落,贫无立锥之地。梁日新故而早早去牙刷作坊当了穿毛工,帮补家计。耳濡目染之间,他动了在牙刷这个行当里干一番事业的念头。1909年,他从母亲手里接过了她苦苦攒了20年的60块银圆,开始了艰辛的创业生涯。

梁日新的牙刷买卖是产销一体的,从买牛骨、买猪鬃,到开牛骨、锉牛骨、绑猪鬃,再到销售,全靠这60块银圆的本钱,所以得细水长流地花。为此,梁日新一开始没有租铺面,而是做了个小贩,天天走街串巷去叫卖。

不过,与一般小贩相比,梁日新的过人之处就在于强烈的品牌意识。他在货担上贴上"一毛不拔梁新记牙刷"几个大字，沿途叫卖也是一句"有一毛不拔嘅梁新记牙刷卖咧"，声音洪亮，调子又拉得长长的，像唱歌一样，让人一听就忘不了。

在查阅资料时，我禁不住想，用"一毛不拔"这个贬义词用来形容牙刷的坚固耐用，简直是神来之笔，梁日新必是苦思冥想，才有了这个创意。这非一般的专注和用心，也是他能从诸多小贩中脱颖而出的最重要原因吧。

沿途叫卖了一段时间后，梁日新攒了一些钱，请得起伙计了。这些伙计都穿着同样的衣饰，挑着同样的货担，喊着同样的叫卖口号，甚至连语音语调都是相似的，四邻八乡的街坊一听，就知道"梁新记牙刷"上门了。几年之后，"一毛不拔嘅梁新记牙刷"在佛山家喻户晓，梁日新也告别了小贩生涯，在镇上开出了铺面。他很早就谋划着要去省城发展，眼下这个时机终于成熟了。

广告灯箱高挂西濠口　最贵牙刷售价上万元

然而，省城大，柴米贵，居不易。根据梁日盛的回忆录，梁日新初至广州，重操旧业，挑着货郎担，摇着鼓，走街串巷卖牙刷，攒了一些钱后，才在大新路买地，盖了一个小店铺，就起名"梁新记牙刷厂"。梁日新采取"蚕食"策略，攒够了钱就多开一家分店，经过十数年如一日的苦心经营，终于有了省城"凡有旺地必有梁新记"的局面。到了20世纪30年代，梁新记还从国外引进了先进的生产线，用机器开骨，再用砂纸打磨，牙刷卖相比原来家庭作坊的产品好多了。梁新记还根据牛骨的不同形状，制作出不同的刷柄款式，往少说也有几十种，刷毛穿好后用夹子排列整齐，出厂时再仔细检验，凡是骨柄爆裂、刷毛穿得不好的次品，就不贴"梁新记"的商标，而以其他名号销售。这样，凡是在市面上销售的"梁新记"牙刷，支支美观，且坚固耐用，所以就算卖得比别的品牌贵，大家还是愿意买单。

生意做大后，梁新记更加注重广告营销。西濠口是当时城里最繁华的地段之一，梁新记就在这里立了一块硕大的灯箱广告，上面"一毛不拔"四个字特别醒目，凡是路过的人，总要停下脚步看上两眼。此外，梁新记还天天派出二三十个伙计沿街叫卖。他们沿用当年在佛山卖牙刷的做法，人们只觉得到哪都能碰上梁新记的人，印象不深刻都不行。抗战胜利后，梁新记在长堤先施公司附近开了家店铺，特意制作了一支售价1.2万元的牙刷，堪称广州史上最贵的牙刷，赚足了噱头。

在广州"开疆拓土"的同时,梁新记还有意向全国发展。20世纪20年代,梁日新的弟弟梁日盛就远赴上海,从广东路上的一家小铺子做起,直至创办工厂。为了节约广告费用,梁日盛想出了一个绝招。他跟京广、京沪等铁路沿线的农户一家家去谈,要么送个热水瓶,要么给个十块八块银圆,然后在人家墙面上刷上"梁新记牙刷一毛不拔"的广告。旅客往窗外一看,只觉满眼都是"梁新记"。随着广告网络的扩展,梁新记又采用代理制度,将销售网络铺至全国。

梁新记在农户墙上刷广告的做法,在当时引领了广告界新潮流,而直到今天,最时髦的电商巨头也还在沿用这个做法。不信,你到乡下看看。无论是"要想生活好,赶紧上淘宝",还是"发家致富靠劳动,勤俭持家靠京东",抑或"老乡见老乡,购物去当当",都在告诉你,梁新记当年的刷墙广告法是多么有生命力。拥有这样接地气的广告术,再加上过硬的质量,小小一支牙刷撑起一个商业帝国,其实一点也不偶然,不是吗?

对普通平民,先施公司同样有吸引他们的法宝,那就是经过细心整合的一元商品柜台。"一元商品"是先施公司的创新之举。其实,现在满大街的"二元店""十元店",继承的也是当年马应彪设立"一元商品柜台"的创意精髓呢。

逛先施:女模秀靓衫 店员飙英语

一楼,出售化妆品,数十元一瓶的法国香水和面霜在柜台里散发出"致命诱惑";二楼,出售中西成药兼旅游用品,高档照相器材成为人们注意的焦点;三楼,绫罗绸缎、时髦卫生衣乃至针线女红琳琅满目,一旦遇到大减价,这里就会被时髦女子挤爆;到了四楼,视线顿时为之一宽,只见钢琴、风琴、唱机、珠宝首饰、钟表、瓷器等高档商品光彩熠熠,任人挑选。

读了上面这段话,你或许会有些不解,这不就是一家百货公司嘛，有什么出奇呢？其实，出奇之处就在于，这家百货公司早在100多年前就在长堤一带出现了，它号称"环球货品庄，始创不二价"。在这里，有钱人尽可选择来自世界各地的高档货；腰包里没钱的也不用自惭形秽，在店家特设的"一元柜台"里仔细淘淘，也能淘到不少宝贝。它首次聘用女店员站柜台，首次推出女模特儿时装表演，首次邀请国外化妆品工厂的化妆师到店为女顾客化妆。种种"惊世骇俗"之举，既使它在当时赚足了眼球，利润滚滚而来，也使它当之无愧地在广州百货史上留下大名。

五层高楼"鹤立鸡群"　环球货品"明码实价"

让我们把时光倒退至1912年，到长堤一带逛一逛。长堤是广州近代开筑的第一条马路，从1889年动工，到1910年最终修成一条长约3.6千米、宽约16米的沿江通衢大道，连头带尾消耗了20多年的光阴。不过，长堤甫一修成，有眼光的商家纷纷来此购地兴业，火速带旺了这里的人气，用1912年一期《时事画报》上的话来说，那是"危楼高耸，五光十色，如览宝船，鬓影衣香，熙来攘往"。这番热闹繁华的景象，恐怕在全城也找不到第二处了。

在林立的商铺戏院之间，高达5层的先施公司粤行大楼无疑是最富丽堂皇的所在。看《时事画报》上的插图，长堤沿街的商铺大多只有一两层，矗立其间的先施公司大楼真有点"鹤立鸡群"的感觉。站在街对面往公司大门上看，首先映入眼帘的就是"环球货品庄，始创不二价"这几个大字。话说"明码实价"的确是先施公司老板马应彪的首创，一下子省了不少讨价还价的口舌，也使得"童叟无欺"的商业形象深入人心。不过，这"不二价"也不是马应彪凭空想出来的，而是他早年在澳大利亚悉尼白手起家打拼时，从澳大利亚百货业鼻祖贺顿父子公司那里学来的。他看着贺顿父子将一个小商店经营成一个包罗万有的百货公司，细心揣摩对方的管理制度和经营技巧，将其一一学习移植，才有了在中国近代百货业上的诸多"首创"之举。

闲言少叙，看完公司门面，就进去逛逛吧。甫一进门，只见几位上了年纪的店员守在门口，笑容满面，向你致意。这也是马应彪的首创。为了保持店员的良好形象，公司还特意雇用了专职洗衣工和理发工，定期为店员洗衣理发。至于为何要挑选上了年纪的店员迎客，其道理说白了也不复杂。和善的长者更易让人产生信任感，这跟英式老管家给人带来的心理感受有异曲同工之妙。

名牌香水散发诱惑　高档香烟伺候贵客

进得门来，信步走进店堂，从一楼到五楼，好一个花花世界。一楼最吸引人眼球的是化妆品专柜，数十元一瓶的法国高级香水和面霜一字排开，琳琅满目的包装散发出"致命诱惑"。在《时事画报》记者的眼里，这里简直就是一个销金窟，无数少年"为讨好女子计，不惜黄金虚掷，故公司所入，日以万计"。这些一掷千金的少年郎，换到今天，一定也能得个"剁手族"的外号。上到二楼，除了中西成药和旅游用品之外，这里还提供最新款的照相器材。当然，一百年前玩得起照相机的发烧友，多半非富即贵。如果他们不太明白照相机上英文标签写的是什么，尽可以问店员，因为这里的店员都上过英语培训班，这在广州也是破天荒第一次。上到三楼，那是女人的天堂，绫罗绸缎、卫生衫乃至针线女红琳琅满目，无所不有，这里还时不时举行"大减价"促销，同时在报纸上刊登广告，以至降价促销期间，这里总会被各路时髦女子挤得水泄不通，"衣香鬓影，插足无地"。逛完"女人天堂"，接着再上四楼，顿时感觉更加"高大上"起来，只见钢琴、风琴、唱机、珠宝首饰和名贵瓷器在柜台里熠熠发光，专待有钱主顾选购。

在这里"下单"的客人,往往还会得到一种特别优待——柜台里备有高档香烟,供大手笔花钱的客人享用。这些香烟上专门印有"先施"标识,严禁店员吸食。当这些衣着光鲜的大主顾神情自得地叼着这些"特供香烟"出门,就给先施公司做了最好的活广告。这些细节处的用心,足见公司创始人马应彪的精明。当然,没有这份精明,马应彪也不可能从澳大利亚靠卖水果白手起家,进而由香港至广州再到上海,创下先施公司的百年商业传奇。

优惠券礼品券　通行省港
一元货惠街坊　销量逆天

在广州近代百货业历史上,先施公司绝对是个敢一吃再吃螃蟹的主儿,它首推女店员看柜台,结果一开始来看热闹的人比买东西的人还多;接着,它还破天荒引入时装女模特儿,又惹得公众"口水多过茶";后来,它还请来国外知名化妆品厂的化妆师到店为女顾客化妆,再次在媒体上赚足了眼球。就这么一而再再而三地"吃螃蟹",先施公司在广州声名鹊起,利润随即扶摇直上。

看到这儿,读者你或许会觉得,这么"高大上"的百货公司，一定是富人一统天下。其实，这么想就错了。对有钱人，先施公司提供的奢侈品应有尽有；对普通平民，先施公司同样有吸引他们的法宝，那就是经过细心整合的一元商品柜台，这些商品本都是残次品或过气货，但有心人认真淘一淘，没准就能淘到心仪的宝贝。"一元商品"也是先施公司的创新之举，其实，现在满大街的"二元店""十元店"，继承的也是当年马应彪设立"一元商品柜台"的创意精髓呢。

除了一元商品，先施吸引客流的另一大法宝是自有商品。就像现在上一点档次的卖场都有自有品牌一样，先施公司里也有大量商品出于自有品牌旗下。它们来自于先施在广州自设的十大工厂，其中有制鞋厂、饼干厂、皮革厂、五金厂、化妆品厂、木厂、玻璃厂等。这些工厂雇用了数百上千的工人，所制产品。除了供给本公司销售外，还畅销全国各地，成为民族企业家投资兴业的又一大传奇。

现在上点档次的商场也都会推出购物卡和购物券，先施也是这种促销方式的鼻祖之一，而且它推出的礼券有一个牛气冲天的名字，叫作"通天礼券"。顾客手持礼券，可以在香港、广州、上海等任意一家先施公司买东西。正如今天不记名的购物卡和购物券是人们送礼的最佳选择之一，当时的

"通天礼券"也备受送礼者青睐,成为先施公司回笼资金的一大利器。

除了针对公众的通天礼券,先施还专门针对员工发行"出粮券"。员工凭此"出粮券",既可以兑换现金,也可以在本公司内购买商品。据说,由于一向信守承诺,所以先施公司的"出粮券"一直颇受员工欢迎。将员工变成最忠实的顾客,这么高难度的事情,先施公司都做到了,就算换到今天的情境下,这样的精明,又有谁能比得上呢?

1931年秋,广州惠爱路城隍庙内,一群工人把庙里的大小偶像拆除。原来,当时正值国货交易展览会在全国风行之时,广州市政当局决定"玩"一票大的,拆了城隍庙,建一个全新的国货展览交易场所。谁说这些近代会展业萌芽之时发生的故事,与之后广交会持续数十年的辉煌一点关系没有呢?

国货展馆:城隍庙里建起不落幕的交易会

伦敦工业博览会　广州商品露头角

在开讲广州会展业萌芽的故事之前,让我们把眼光放远一点,说一说全球近代会展业起步之初的故事,因为广东人也在里边扮演了很重要的角色。1851年,伦敦举行了声势浩大的"万国工业博览会"。远在广东的洋行与外商也千方百计游说官方,征集国内商品参展,好拓展他们自己的"进出口"生意。然而,所谓"皇帝不急太监急",清朝官员只把这个博览会看成洋人展示"奇技淫巧"的场所,往好里说也就是一个"赛珍会""聚珍会",对展览会的商业目的完全没有概念,所以压根不想去蹚"浑水"。洋商们"一拳头打在了棉花上",只好自己搜罗了刺绣、漆器、折扇、瓷器等工艺品和棉花、药材、煤炭、雨伞等农工业产品去参展,其中有不少还获了奖。不用说,这些产品多数是通过广州出口的。要知道,广交会的英文名"Canton Fair"也与这些历史事件息息相关,两百多年来,各国外商一直是以"Canton"来称呼广州乃至广东的。

当时,官方固然对展览会蕴含的商机不甚了了,大多数的国内商人也缺乏拓展国际市场的视野与想象力。不过,凡事都有例外,一个名叫徐荣村的广东商人在得知伦敦万国工业博览会举行的消息后,就敏锐地嗅到了其中的商机。他精选了12包自己经营的"荣记湖丝",托人紧急用船运往英国,在"万国工业博览会"上展出。与被众洋商包装得美轮美奂的产品比起来,"荣记湖丝"的包装简直土得掉渣,但它仍以过硬的质量赢得了博览会金、银大奖,维多利亚女王亲自为它颁发了奖牌。

徐荣村原本不过是想试一试,谁知竟有这么大的收获。他随即命人将奖牌上的图案描摹了下来,做了"荣记湖丝"

的商标，并广为宣传，使得"荣记湖丝"在国际市场上大为畅销。这个当时不到30岁的广东小伙，就此成了第一个在世界会展史上扬名立万的中国人。可见，在商场上，很多时候，视野比经验更重要，徐荣村的成功恰恰证明了这一点。

远走印尼发大财　华侨倡办交易会

1851年，伦敦万国工业博览会举行之时，中国的官员和绝大多数商人对展览会蕴含的商机几乎视而不见；然而，到了1910年，中国也办起了第一个全国性的商品展览交易会——南洋劝业会。在近60年间，无论是官方，还是商人，从将展会视为炫耀奇珍异宝的"花架子"，到认定"欲富华民，必兴商务，欲兴商务，必开会场（展览会）"（见郑观应《盛世危言·赛会》），以竞争促进工商业发展，其关于商品展会的认知与态度可以说是发生了颠覆性的变化，南洋劝业会恰为这一变化提供了例证。

作为近代第一次全国性的交易展览会，南洋劝业会的规模还真不小，一共设了30多个展区，占地约46万平方米，展览的商品数十万件，其中既有草药、瓷器、漆器、玉雕、刺绣等传统产品，也有玻璃、水泥、碾米机、车床等新兴工业品。今天的读者或许会有些好奇，明明是个商品展览会，为什么取个"劝业会"的名字呢？其实，"劝业"二字，恰恰蕴含了主办者的用意，希望借助展览会的"刺激效应"，让大家努力投身工商业。南洋劝业会一办就是6个月，成交额高达上千万银圆，规模之大，前所未有。

南洋劝业会是在南京举办的，但有一个广东人对它的成功居功至伟，这个人名叫张振勋。或许这个名字听来十分陌生，但你一定听说过张裕葡萄酒，而他就是张裕葡萄酒的创始人。张振勋生于广东大埔县的一个贫苦之家，小小年纪就南下印度尼西亚雅加达打工，从一个小伙计做起，一步步开米店，卖名酒，承包酒税和典当税，开种植园，投资银行，最后成了巨富。

那一代白手起家的华侨对故土的感情是我们这一代人无法想象的。除了在烟台创办张裕葡萄酒外，张振勋还在广东投入巨资，筹办粤汉铁路与佛山铁路。1903年，他凭借在政商两界的巨大影响力，向朝廷建言，举办全国性的商品交易展览会。用他自己的话来说，这场大型展览就如同工商界的科考，让消费者去做考官，让每一个从业者都尽力考出好成绩，长期坚持，必能提振工商业，从而富民强国。

正是在张振勋的极力游说与筹划之下，清廷才颁布谕令，筹办南洋劝业会。随后，张振勋又出任展览会广东馆的"总设计师"，多方征集商品。在他的参与和筹划下，广东馆的牙雕、玉雕和檀刻惊艳全场，参观者为之"途塞"。当时的工商界人士多半还是诗歌爱好者，就有人为广东馆做了一首诗："鬼斧神工世不传，风云雕凿破南天。檀香山下鼋龙吼，珠海飞来八洞仙。"

国货价格便宜　展馆"插身唔落"

辛亥革命成功后，以商品展览为引擎，提振实业更成业界共识，提倡国货则是大小展览的主基调。据统计，20世纪二三十年代，全国各地举办了数十场国货展览会。广州作为华南第一商埠，自然积极参与其中。1931年，广州第一届国货展览会在今日广州日报社所在地西瓜园开幕，一连举办20天。这次展览会获得了空前成功，官方受此鼓舞，决定玩一票大的，开一个"永不落幕"的国货展览交易会。他们盯上了惠爱路（今中山四路）上的城隍庙。不过，把城隍庙改造成国货展览馆可是颇费了一番周折，冒着被在此扎根多年的诸多相士和算命先生天天请符诅咒的风险，把他们请走固然不易，把庙内的城隍爷请下神坛，更需要勇气。

1931年秋的一天，清理工程正式开始，工人们拿着工具，围着城隍爷转来转去，就是不敢得罪他老人家。后来，还是官方一位知识分子模样的人，挥起斧子砍掉城隍爷的手。众工人见有人"开刀"，才一齐往地上吐了口唾沫，嘴里说着"大吉利是"，七手八脚拆掉城隍爷的雕像。接着，官方在全市乃至全国征集商品、陈设展览、设立销售场，忙忙碌碌近一年，1932年9月，国货展览馆终于竣工，11月举行了隆重的开幕典礼。500多平方米的国货展览馆分为国货陈列、商标展览和国货销售三大区域，由于价格合宜，一时人头济济，"插身唔落"（意即"没有容身下脚的地方"）。

1933年2月15日，广州官方又在越秀山会场举办了第一场商品展览会。由于珍品云集，官方还破例向羊城保险公司购买了保险。当然，这场商品展览会的规模肯定无法与今日的广交会相提并论，但其间蕴含的前人的勇气与努力，却也是值得后人纪念的。

交通篇

铁道车程送我郎,问郎何日转还乡。
郎心今道不如铁,路线还输妾恨长。

——民国·张国康

说起汽车"油改炭"后的种种窘境,人们总是摇头叹气,抱怨它"一去二三里,抛锚四五回,下车六七次,八九十人推"。但一想起只相当于一成油价的花费,大家也就心安了,毕竟省下了白花花的银元嘛。

80年前汽油卖天价 汽车改烧柴火

汽车烧汽油,是天经地义的事,可你知道不,在20世纪三四十年代的老广州,不少汽车烧的却是柴火——木炭。要说"油改炭"真是一点也不方便,车上要安一个硕大的鼓风炉,司机在行车过程中要经常停车"添柴",车子还老是抛锚,害得大家不得安生。客车烧炭虽然缺陷多多,但有一个优点——便宜。那时,沙面三大洋行进口的汽油动不动就要卖到一块银圆一升。一辆客车加满油,就得花掉一个普通人三五个月的工资,不是土豪还真是烧不起。故而,本地人以"油改炭"来应对"高油价",也算得上是一个了不起的创新,其间种种八卦,今天看来颇有趣味。

街头刚见汽车影　洋行布局加油站

说来巧得很,1921年广州成立市政厅,成为中国第一个现代意义上的城市。就在同一年,街头出现了第一批公共汽车,不过数量不多,只有区区四辆。此前,城内的远程客运工具除了船舶外,还有马车,1912年,广州出现了第一辆客运马车,其后数年间就增加到了几十辆,本地人也渐渐习惯了马车的出出入入。其后,随着"拆城建路"的推进,汽车渐渐增多,"得得"的马蹄声才淡出了人们的生活。

据《广州市志》记载,到1937年,全市已经有了200多辆长途客车和300多辆扬手即停的"野鸡车",此外,富商巨贾购买的私家车也增加到了1000多辆,再加上近300辆拉风的摩托车,机动车在城内渐成气候。

要知道,当时并无国产汽车一说,大大小小的机动车几乎都是通过沙面洋行进口的。进口了车,就得进口汽油呀,后者更是源源不断的好买卖,洋行岂肯放过?20世纪30年代,广州有三大洋行从事石油产品买卖——即"亚细亚""美孚"

和"德士古",它们可都是沙面岛上的老牌跨国公司,其中,"美孚"于1894年在广州开设分公司,"亚细亚"于1906年进驻广州,"德士古"来得晚一些,直到20世纪20年代才在广州站稳脚跟。这三大洋行在沙面岛上毗邻而居,几乎垄断了广州所有的能源生意。

所以,从广州街头出现第一辆汽车的身影起,它们就盯上了其中的商机。三大洋行都推出了很有杀伤力的"卡片"制度:广州有多少公路,有多少私家车,有多少汽车公司,每家公司有多少辆车,每辆车的耗油量多少,甚至汽车公司负责人的联络方式、个人爱好……全都登记在卡片上,并随时根据情况补充修正,从而在推销时投其所好,一举拿下。

此外,这三大洋行还早早建设加油站。最初,官方不许外商直接购地,它们就曲线操作,在香港注册公司,再选址购地,申建加油站。经过这一番细心布局,不管谁想加油,都逃不出这三大洋行的网络。至于油价,当然也是由它们"相爱相杀"而定。

汽车加装炭炉　司机提前生火

说起老广州的油价，其实只有一个字——贵！据记载，20世纪30年代，"亚细亚集团"每加仑（约5升）的汽油售价是5～6个银圆，算起来，一升油就要卖到一块银圆。换言之，一部小车加满油，就得花掉几十个银圆，那时一名普通职员的月薪都到不了这个数，而按照购买力折合算一下，就相当于现在人民币两三千元，至于公共汽车，加一次油，怎么着也得花掉上百块银圆，折合成现在的人民币，就得四五千元，你说贵不贵？

虽说那时一辆车的售价动辄上万块银圆，买得起车的都是土豪，可油价这么高，长此以往，土豪也未必不在乎啊。再说，到了20世纪30年代后期，随着战事的临近，洋行更多地把汽油卖给了军方，卖到民间的汽油更是贵得离谱，土豪们也难免被"烧"得"肝疼"。

肝疼之余，人们就开始琢磨汽油的替代品，要说高手还是在民间，这个替代品还真被找到了，那就是升级版的柴火——木炭。汽车烧"柴火"，听起来有些不可思议，在操作上也颇有难度。首先，车上得装一个硕大的"炉子"，炉子一边连上鼓风机,另一边连上管道往气缸里送煤气。每次开车前,司机先得提前半小时生火,然后一边烧柴,一边使劲摇动鼓风机送风,等煤气足够了,才能发动汽车上路。汽车"油改炭"后,不但动力弱了不少,还动不动就要抛锚。一抛锚,全车人都得下去推车。走到半路,木炭不够了,司机还得下车捡柴火。

说起汽车"油改炭"后的种种窘境,人们总是摇头叹气,抱怨它"一去二三里,抛锚四五回,下车六七次,八九十人推"。但一想起只相当于一成油价的花费,大家也就心安了,毕竟省下了白花花的银圆嘛。

所以,从20世纪30年代后期开始,"油改炭"的汽车在广州大行其道,不管是雪佛莱、道奇,还是福特、大万国,大多在"车屁股"上安了个大炭炉,一路喷着黑烟缓缓招摇过市。没办法,谁让洋行进口的汽油卖得那么贵呢?

粤商土法炼油　洋行联手反制

你或许会问,满城汽车"油改炭",那洋行岂不是没生意可做了?你这么想可就有点天真了,作为重要的战略物资,洋行进口的汽油压根就是"皇帝的女儿——不愁嫁"。再说，这三大洋行销售的拳头产品还不是汽油，而是煤油，那时四邻八乡，哪一家没有几盏煤油灯啊？三大洋行通过层层代理，将销售网络一直铺到乡村的每一个角落，赚得的利润比卖汽油多多了。只要是能带来生意的客人，哪怕是穷乡僻壤的火烛小店，洋行也要求自己的雇员降尊纡贵，"了解他们喜欢什么，不喜欢什么，以免有伤他们的感情"（见于亚细亚集团当时内部发行的《石油手册》）。

对客户，洋行温情脉脉；但对于敢跟他们竞争的本地商人，洋行可完全是个"狠角色"了。1930年，有本地商人从进口柴油中提炼出煤油，贴上本土商标，以低于洋行的价格出售，颇受欢迎。接着，大家群起仿效，短短一年，广州就出现了100多家本土煤油厂，洋行一加仑（约5升）煤油卖四个银圆，本土煤油一加仑才卖三个银圆，一时间抢了洋行不少生意，大家还真有点扬眉吐气的感觉了。可是，洋行又岂会善罢甘休呢？要知道，本地商人的原料也是要通过洋行购入的，命门就在人家手里呢。于是，洋行一边联手将柴油价格提高一倍，加重本地商人的负担；一边自行从柴油中提炼煤油，以规避关税。洋行自制的煤油纷纷贴上"桃花牌""月光牌""经济牌"的商标，卖得比本土商人的成本价还低，这场激烈的价格战打了一年多，上百本地厂家纷纷遭遇灭顶之灾。待本土煤油淡出市场之后，"桃花牌""月光牌"和"经济牌"等低价煤油很快就从市面上销声匿迹，三大洋行又回到了坐收垄断利润的"好时光"，大家也只好接着消费他们的贵价油。这一场激烈残酷的"商战"让我们再次确认，不掌握核心技术，还真就保不住自个的"命门"，不是吗？

由于汽车深受追捧,司机自然就觉得自己干的工作很拉风,因此常常把车开得飞快,交通事故便成了家常便饭。公共汽车因此获得了"市虎"的称谓,人们对它是又爱又恨。

最早公交:搭到"加拿大" 快趣好世界

"搭到'加拿大',快趣好世界。行路嚰等多(慢很多),车仔(三轮车)无咁快。一粒嘢之嘛(一毫钱罢了),快搭'加拿大'。"这是20世纪20年代在广州传唱的一首顺口溜,说到的"加拿大",不是别的,是一位名叫蒋寿石的侨商从加拿大引进的8辆公共汽车。"加拿大"巴士也是最早在广州市区开跑的汽车,无论行程远近,车资均为一角,因此颇受市民欢迎,抢了三轮车不少生意。

"加拿大"巴士生意的红火与民初官方大力构筑交通路网

有莫大关系。之后，各路商人都看中了公共汽车的巨大市场需求，纷纷投入巨资。到1926年年底，广州的公交公司已达十数家。到1936年，全城已有十几条公交线路，公交车一路通到沙河、东圃。就算城外还没通行公共汽车的地方，也有"扬手即停"的"野鸡车"，大大拉近人们与城市的距离。

侨商折戟
电车公司华侨办 一波三折终破产

广东历来人烟阜盛，商贸繁荣，作为舶来品的汽车在20世纪初就渐渐进入广州，成为达官贵人赏玩的奢侈品。20世纪20年代初，广州市政当局兴起的近代第一次"造城运动"，使汽车渐渐进入公众生活。

1919年2月，广州各大媒体刊出了市政公所的"招商广告"，招募商界精英，投资兴办电车事业。要知道，当时广州的"交通路网"建设才刚刚开始，城墙还没拆几处呢，官方怎么就这么心急呢？其实，市政公所这则"招商广告"，最关键处在于要求商人先向政府报效100万银圆，以供官方修筑道路的一系列开销。作为回报，电车承办商可以拥有20年的专属经营权，以及电车沿线两旁地段的产权。

按说这笔买卖的条件还算不错,可招商广告连续刊登了两个月,愣是没有人响应。商人有自己的算盘,100万银圆是在几个月内就要交出去的,20年的专属经营权看似诱人,可当时军阀当道,时局不稳,这又是一个完全新兴的行业,谁知道接下来的20年会是什么样,还是把钱包捂紧点的好。市政公所见无人"投标",又把广告展期刊登了一段时间。终于,到了当年7月,从美国回到广州创业的商人伍籍磐冒出头来,承揽了这笔生意,广州电车公司随后即告成立。

电车公司成立之后的故事只能用"一波三折"来形容。交了100万银圆的报效费后,还要买汽车、路轨以及其他多种配套设备,花钱的地方实在太多,偏偏官方囿于资金短缺,不能如约建好马路,电车的通行自然也受到影响。电车公司也曾发函要求官方履行违约责任,但"商与官斗",结果往往不了了之。

由于铺设路轨耗资甚巨,电车公司曾向政府申请,通行无轨电车,结果还是被拒绝了。种种困境之下,电车公司几度停业,其采购的车辆也多被军方征用。电车公司用自己的失败,证明了那些"按兵不动"的同行的精明。

全盛时期

公交通行江两岸　郊外还有野鸡车

话说新兴行业常有这么一个现象：过早进入的往往会输得很惨，待时机成熟一些再砸钱入场者，却总会赚得盆满钵满。比如，在如今最热门的互联网行业，最早提供微博服务的"饭否"早就黯然退场，瞅准了时机的新浪却后来居上。八九十年前，广州的电车公司就是公交行业里的"饭否"，在其黯然离场的同时，随着广州"公交路网"渐渐成形，军阀离开后政局渐趋稳定，很多风格更为稳健的侨商纷纷出手，投入巨资购买汽车，承办客运，广州的公共汽车行业走出了艰难的萌芽期，开始迎来了全盛期。

加拿大归侨蒋寿石是入场较早的商人之一。1923年，他从加拿大购进15辆8座汽车，成立"加拿大长途汽车公司"，开始在广州营运。到年底，这类车已增至20辆。"加拿大"汽车无论远近，车资均为一角，可谓平价又快捷，因此广受欢迎，坊间甚至还流传起了"搭到'加拿大'，快趣好世界。行路嚹等多（慢很多），车仔（三轮车）无咁快。一粒嘢之嘛（一毫钱罢了），快搭'加拿大'。"的顺口溜。当然，这首顺口溜能如此流行，也不排除有加拿大公司的班底在背后悄然运作，推波助澜。

1926年，在广州市区拉客的汽车公司已有20多家，1928年，广州市政厅正式划出公交线路，分为红蓝绿三线。红线：从广九火车站到普济桥；黄线：从黄沙开往东山公园；绿线：从普济桥开往大新公司。到了第二年，由于车辆增多，光用颜色已无法分清线路了，官方开始改用号码标注。

到1935年，广州市的公共汽车线路已增至15条。第1路从东山开往黄沙，途经财厅；第2路从东山开往荔湾，途经财厅和长寿路；第3路从广九火车站开往丛桂路，途经一德路和十三行；第4路从小北开往东山，途经财厅和长堤；第8、第9、第10路来往于珠江两岸，最远的线路开到凰岗；第13路从黄沙开到沙河；第15路则是从大东门开往东圃。当时，广州已有约170辆公共汽车，穿梭于市区各个角落。同时，数百辆经营长途客运的车辆更缩短了郊区与市区的距离。很多长途车扬手即停，因此在当时就有"野鸡车"的称谓。

由于汽车深受追捧，司机自然就觉得自己干的工作很拉风，因此常常把车开得飞快，交通事故便成了家常便饭。公共汽车因此获得了"市虎"的称谓，人们对它是又爱又恨，爱其便捷，恨其草菅人命，媒体也常报道"市虎"伤人事件，呼吁政府加强监管。

除了"市虎"之名外，当年的"霸王车"现象也颇有时代特色。据2001年12月《侨园》杂志刊登的一篇回忆文章，当年街头地痞流氓颇多。他们大多是不买票的，因为买票坐车，在他们看来实在有失"体面"。如果乘务员多事问一句"有没有票（粤语读'fei'）"，此人就会从口袋里掏出一粒子弹，冲着乘务员横眉立目，说一句"老子有'飞'"（粤语中，子弹也读为'fei'）。乘务员就乖乖收声了。其实，不仅地痞流氓爱搭霸王车，就连军政人员以及便衣侦探之流坐车也不喜欢买票。对此，乘务员也只能睁一只眼闭一只眼，由它去了。

汽车八卦

慈禧坐车　司机跪下没法开

说到早期汽车进入中国的趣事，有一段还与慈禧老佛爷有关。话说当时的官场红人袁世凯是最会察言观色、体察上意的。1902年，他买来一辆美国产轿车，为老佛爷祝寿。这一举动可把朝中的老"冬烘"们给吓坏了。他们纷纷上奏，称慈禧太后是万乘之尊，怎么能栖身这西洋玩意之内；再说汽车风驰电掣，万一把太后伤着了，就算把袁世凯灭了族，也补偿不了这个损失。要说慈禧还真不是一个顽固不化、一概拒绝新事物的人，否则，清末十年"新政"在她的统治下根本不可能实现。再说，如果袁世凯不是看中了慈禧对西洋事物的好奇心，也绝不敢贸然送出这一份寿礼。

果然，慈禧不顾朝中文武大臣的反对，执意要坐上汽车试一试。这个时候，一个要命的问题出现了，太后的万乘之尊之前，居然坐着个身为平民百姓的驾驶员，这还了得？大家坚持要驾驶员跪着开车，慈禧也认为驾驶员坐着开车实在有违伦理纲常。但跪着开车的难度实在太大了，可怜的驾驶员到最后也没完成这一不可能完成的任务。老佛爷的第一次汽车之旅就此告罢。这件事看似鸡毛蒜皮，但清末"新政"一到关键时刻就踩刹车，却与这一历史小插曲颇有异曲同工之处。

黎民伟在《庄子试妻》中反串女主角

南洋兄弟烟草公司发行的爱国牌香烟广告——文明新装美女图

英美烟草公司发行的香烟月份牌

通草画上的"儿童闹元宵"

晚清年间的元宵节灯市,人来人往,热闹非凡

广东钱局发行的"拾元"纸钞正面

广东钱局发行的"伍元"纸钞正面

穿堂入室的报童

这是1908年第七期《时事画报》刊登的一张十八甫中约的街景图片，报社的牌匾格外醒目

100多年前的老画报经常刊登坊间民众热衷"买彩"的新闻

清末画家吴友如笔下的广州迎神赛会。当时,每逢神诞,坊间都会搭起精致绚丽的醮棚,这些醮棚就是棚匠的杰作

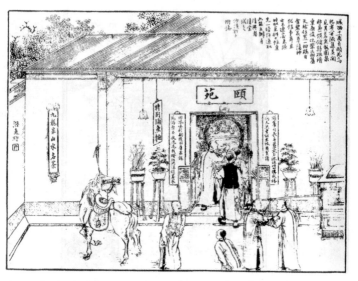

从1906年《赏奇画报》刊登的报道中可以看出当时酒楼之热闹

20世纪初老广州的茶楼,堂皇气派

梁培基发冷丸的广告词——
"验之如神,日出冰消",令人过目不忘

20世纪初,梁培基药厂除虫消积"六角饼"广告

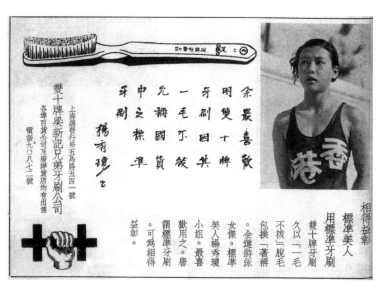

20世纪30年代,"美人鱼"杨秀琼为梁新记牙刷做的宣传广告

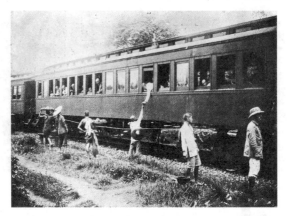

粤汉铁路小站上的小贩，使尽浑身解数，向车厢内的旅客兜售食物及其他杂货

飞机出了故障,机械师在天上就开工修理

广东钱局旧影,货币保卫战就在这里打响

20世纪初,巍然耸立于长堤的先施公司大楼

20世纪30年代,永汉路(今北京路)一带已有小汽车出现

民国年间的沙面旧影

1910年,香港岛最繁华的皇后大道,右侧三楼有一间照相馆

20世纪初,都市里的居民已经习惯了邮差的存在

> 一等车厢陈设豪华,乘客坐的是沙发,脚下踩着软软的地毯,车票贵得离谱。二等车厢是舒适的软椅,一张二等车票就抵得上一个雇工半年的收入。所以一、二等车厢的座位基本不用抢。一到三等车厢,座位改成硬硬的木椅子,可就这木椅子,却是需要使出吃奶的劲去抢的。

80年前春运:车票用命抢 木椅值千金

每年一到春运高峰,车站人流滚滚,抢票软件牵动着无数人的神经。这一年一度的"大迁徙"潮流让我不禁起了好奇之心,80多年前,当火车刚刚进入普通人的生活,人们在车票不预售、座位不对号、报站无广播等种种今人无法想象的条件之下,又是如何度过春运这个难关的呢?

超级土豪 才坐得起飞机

假如我们把时光倒推到80年前,年关将至时,城里的男女老少都开始炸煎堆、洗邋遢，欢欢喜喜准备过年了，老家在外地的游子们，思乡之情也一天浓似一天。不过，与现在一连7天的长假不同，那时元旦有法定假，过年却是一天假期都没有的。没办法，刚推翻清王朝的主政者急着与国际接轨，农历年是他们急于扫除的"封建残余"。所以，那些在"衙门"里当差的大小职员就别想回家了；不过，如果你是学生或教员，倒不是一点指望都没有，虽说官方明令不许放假，但学校里看门的、端茶倒水的杂役以及刷马桶的阿姨全都回家过年去了，学校运转不下去，大家自然可以一窝蜂回家了。

回家过年，想想都欢喜，可返乡的路却不好走。那时候，飞机是极少数土豪才坐得起的。从广州飞往南宁，不过500多千米的飞行距离，一张机票却要花掉好几十个银圆，相当于一个局长近一个月的薪水，普通人想都不敢想。坐船吧，便宜是便宜，可毕竟还是太慢，去往邻近地区还行，要住得远一点，得在水上晃悠好几天。所以，兜里稍微有几个钱的小生意人、教师、学生乃至务工一族，大多会考虑坐火车。毕竟，就算是从广州去武汉，也只要40多个小时就到了。

坐惯了武广高铁的我们，多半会觉得这简直是龟速，但当时的人们完全不这样认为。1922年，北大教授吴虞从北京去汉口，在火车上晃了两天，下车后抖一抖身上的煤灰，心满意足地感慨道："2400里（1200千米），此时即到，可谓神速矣。"

坐火车，先得买票。那时完全没有预订车票这回事，车票一律在开车前定时销售，长则提前两小时，短则提前20分钟。从广州出发，有三条铁路线：广三铁路，从广州开往三水，1903年修通，起点站在芳村的石围塘站；广九铁路，从广州开往香港九龙，1911年修通，起点站在大沙头；粤汉铁路，1916年开通广韶段，1936年，从广州到武汉全线贯通，起点站在黄沙。那时也根本没有联站售票这一说，作为一个普通乘客，你想坐哪一条线，就得去相应的车站买票。春节将至，不管去哪个站买票，可都得赶早。广三铁路石围塘站的售票处只有13.5平方米，其他车站售票处的面积也有限，一旦去晚了，能不能挤进去都难说了。

好不容易挤进售票处，你伸长脖子一看，一个个狭小的售票窗关得紧紧的。其实说"窗"都有点言过其实了，说"孔"可能更合适。售票口外，一道木栅栏将心急如焚的旅客隔开。不过，那时的火车票分等级，还分窗发售，一、二等车票价格高昂，一般人不愿出这个血，所以窗前不算挤；可三等车票的售票窗前却早已挤作一团了。待到售票铃一响,窗口一开,但见一股人流涌向窗前,个个都挤得脸红脖子粗。难怪梁实秋先生曾在《火车》一文中写道:"买票的时候,气力稍微弱一点的,或有性命之虞。"

拼命抢到了火车票还好,最倒霉的是,好不容易挤到窗口了,里边的售票员却冷若冰霜地来一句:"没票了。"那一刻,简直是如雷轰顶。不过,经验丰富的"老司机"绝不会就此放弃。他只消陪个笑脸,额外奉上几角银币,或港币一张,售票员没准就会变戏法一样,拿出一张车票。倘若车票真的卖完了,车站外还有"黄牛"呢。据史料记载,广九铁路大沙头车站附近,最多时有300多个"黄牛"出没。大不了多加点钱呗,还是回家过年要紧,再说"黄牛"也要过年的不是?

艰难旅程
不对号入座　无广播报站

按当时的惯例,一般在列车开车前两分钟停止售票。最后拿到车票的人,得拿出百米冲刺的劲头去赶车,迟一步,车开走了,虽说凭票可以搭乘下一趟车,但那时候,广三铁路石围塘到佛山之间一天只开行3对列车,石围塘到三水之间一天只开行1对;广九铁路一天只开行4对;广州到韶关之间一天只开行1对。在1927年春节前夕,广三铁路倒是开行了一趟临时客车,但也是杯水车薪。所以,一旦错过车,没准就要等到第二天才能走。游子个个归心似箭,谁愿意多等一天啊?

买车票的经历让人不堪回首,但那时的火车票倒是很摩登,中英文对照,日期、车厢等级、票价、有效期限一应俱全,可再仔细一看,最关键的信息——座位号,却怎么也找不到。原来,那个年代坐火车,根本不用对号入座。翻开当时的老照片,一等车厢陈设豪华,乘客坐的是沙发,脚下踩着软软的地毯,车票贵得离谱。二等车厢是舒适的软椅,一张二等车票就抵得上一个雇工半年的收入。所以一、二等车厢的座位基本不用抢。一到三等车厢,座位改成硬硬的木椅子,可就这木椅子,却是需要使出吃奶的劲去抢的。

20世纪30年代,有个知名小说家,名叫程瞻庐,曾这样形容三等车厢的拥挤:"拥挤!拥挤!三等车变做五层楼了。'最高一层'的搭客,兵士居多,踞车顶;其次,高卧两旁搁板上;其次,坐在椅靠上;其次,座椅上,最下一层,坐地板上……因为拥挤的缘故，我左脚上的袜带脱了，使一个金鸡独立势，提起左脚，把袜带搭好了，然后踏下，却已失去了原有的立足地……"看了这段文字，不用我多说什么，你都可以知道那张硬硬的木椅子有多珍贵了。

"金鸡独立"已经很惨了，但麻烦还没完。当时的列车并无广播报站，所以全靠旅客自己打起精神。否则，一旦坐过站，补票是小事，再遭一次这样的罪，谁受得了啊？

当年机票是"非一般"的贵,从广州飞到南宁就得花掉普通官员一个月的薪水,但航空公司的服务却远达不到贵族水平,候机楼只是一个简易棚,飞机不过公共汽车大小,全程没有空姐服务,更没有保险;飞机出了故障,机械师没准就会在空中"现场修理",而一旦发生空难,乘客也只能自认倒霉。

民航业起步:阔佬提着脑袋坐客机

空中交通网　16条航线串起近20城

1928年,广州航空业先驱张惠长曾驾驶"广州号"首度环飞全国,每至一处都引起轰动。这次全国环飞其实也是在为广州发展民航业进行"热身"。当时,张惠长还草拟了一份兴办民航的详细计划,不过由于时局原因,这份计划并未及时实施。

就这么耽搁了一下,广州错过了中国民航业发展的"头啖汤"。1930年8月,中美合资的"中国航空公司"(以下简称"中航")在上海成立。次年2月,中德合资的欧亚航空公司(以下简称"欧亚航")也在上海成立。1932年,这两家公司先后在广州设立办事处,拉开了广州近代民航业崛起的序幕。在随后的两年间,"中航"开辟了广州—上海、广州—武汉两条航线;"欧亚航"则开辟了广州—长沙—汉口—北平航线,全长2000多千米,每周飞行两班。民航客机来回穿梭,广州上空就此热闹了起来。

"中航"和"欧亚航"都有外国资本的影子,随后成立的西南航空公司(以下简称"西南航")则是唯一一家完全依靠本国人才和资金成立的地方航空公司。它的崛起固然与两广官方的助力大有关系,却更离不开当时公认的航空奇才——刘沛泉的倾力推动。刘沛泉出生于南海县松岗镇,是一个地道的广州人。1915年,22岁的刘沛泉因文才出众,被飞行家谭根看上,并被高薪聘为私人秘书。谭根点燃了刘沛泉对航空的热情,此后,他几经沉浮,却从没离开过这个圈子。1929年1月,他还破天荒举行了一次空中婚礼,各大电影公司不请自来,争相把婚礼过程拍摄下来,制成新闻片反复播放。这是为航空业做了一次大大的免费广告。

1933年，40岁的刘沛泉开始主持筹办"西南航"，总部就设在广州。1934年，"西南航"在天河机场举行开业典礼，广东军政要员及其夫人悉数前来捧场。与"中航"和"欧亚航"相比，"西南航"的地缘优势十分明显，成立后不久，它就开通了广州—桂林和广州—南宁两条航线，此后又开辟了广州—河内航线，这也是中国第一条国际航线。

据相关统计，到1938年10月广州被日军侵占以前，广州共有14条国内航线、两条国际航线，广州到北平、上海、香港、武汉、长沙、桂林、郑州等近20个城市都有航线抵达。广州后来居上，成为全国航线数量最多的大城市。

一张机票花费　平民要挣半年

客舱只坐数人　空姐服务欠奉

大家一想便知，民航业起步之时，机票肯定是"非一般"的贵，那到底贵到什么程度呢？就拿"西南航"来说吧，从广州飞到梧州，短短300千米，一张机票就要价20个银圆，飞到南宁，也不过700多千米的航程，票价50个银圆。20世纪30年代，广州市公安局一个科长的月薪也不过四五十个银圆，至于店员和工人等"草根"阶层，一个月的收入只有十来个银圆,一张从广州到南宁的机票,他们得不吃不喝攒上半年,所以只有富商巨贾和高级官员才搭得起客机,一般老百姓是想都不会去想这事的。

机票贵得惊人,不过,以我们的眼光看,当时坐飞机真谈不上是什么享受。客机是"非一般"的小。"西南航"在广州开辟的航线最多,但其实只有不到10架产自美国的史汀生飞机。这种飞机全长8米多,比现在的公共汽车长不了多少,只能容纳4～5人乘坐。坐着这样的飞机上天,一旦遭遇气流,发生颠簸,那种上不着天下不着地的感觉,大概只有当事人自己才能体会。"欧亚航"的财力要雄厚一些,它于1928年购进了美国道格拉斯公司生产的DC-2飞机,在当时已是世界最先进水平,但也只能搭载20个乘客。飞机这么小,当然不能指望还有空姐服务,再说飞机一会儿上一会儿下,谁有胆在机舱里来来回回走啊?

飞机小,运力自然就有限。据统计,"西南航"1937年全年也只运送了700多个客人,现在一架空客A380就能运完,平均到每条航线,不过百来人。可见,那时坐飞机,真的是极其小众的一件事。

简易棚里候乘　舢板接驳

飞机出现故障　天上开修

客舱太小，坐起来太闷，候机也算不上是享受。"中航"用的是水上机场，在大沙头和南石头各有一个。飞机跑道在水面上，岸边设一个浮动码头，旅客上下飞机都要用小舢板接驳。"西南航"和"欧亚航"共用石牌附近的陆上机场。所谓候机厅，其实就是一个简易棚。买得起机票的有钱人得带着大包小包的行李，在棚子下候机，日晒雨淋都是难免的事。

乘飞机虽说不太舒服，但速度胜过一切，忍一忍也就过去了，真正的考验是空难风险。1933年11月4日，"中航"从广州开往上海的班机在杭州湾坠毁，机上无一生还。次年4月，"中航"班机再次在杭州湾失事，该航线只得停航。1934年，"西南航"向美国购买了5架史汀生飞机。此后短短5年内，就有3架失事坠毁。就算不发生空难，想一想当时飞机坏了，机械师往往在空中现场修理的做法，你也一定会觉得，那个时候坐飞机，没点勇气还真不行。

既然空难如此之多，航空公司不是要赔到破产？大概真是因为空难太多的缘故，那时的民航业有一条行规，发生空难，一律不赔。《西南航空公司载客章程》就白纸黑字写明了："本公司飞行时间表有自由改订之权。因本公司临时停止飞行或临时未按照规定时间飞行致乘客感受何项不便或受何项损失时，本公司概不负责……飞行航行之际，无论因何事由，倘对于乘客身体或行李发生损害时，该乘客或其关系人概不得请求赔偿。"在今人眼里，这绝对是一条无比任性的霸王条款，但放在当时的具体情境下，却是所有人都能接受的通行做法。毕竟，要想享受奢侈品，就得支付代价。而从"奢侈"到"平常"，从达官贵人的"憋屈"到普通人的"享受"，这80多年民航业的变化，其实就是"进步"二字的具体注脚，不是吗？

画戏宣传万目观,绘成杰阁与雕栏。

人间富贵如春梦,都付当场幻影看。

——清·山民老人

"竿头日影卓午初，一片先用玻璃铺，涂以药水镜面敷，纳以木匣藏机枢，更复六尺巾冥疏，一孔碗大频觇觎，时辰表转刚须臾，幻出人全躯神传……"这首竹枝词写于1861年，题名就叫作《观西人以镜取影歌》。此时距摄影术发明不过20多年，就已有老外扛着设备来到广州开设照相馆，引得坊间民众争相前往拍照，老外因而赚得盆满钵满，"日进洋钱满一车"。

摄影术问世才6年 即成广州"香饽饽"

法国摄影师入穗 满城轰动

在细说老广州的照相业传奇之前，让我们先聊一聊摄影术的发明过程。我们都知道，摄影的物理学原理是小孔成像，早在16世纪，人们就开始在针孔摄影机上使用透镜，但直到1839年，法国人盖达尔发明了银版法，利用光分解的银盐显像定影，成功晒出了阴暗图像，摄影术才告诞生。要说盖达尔还真有商业天赋，在摄影术问世前一年，他就开始为生产照相机做准备。摄影术的专利刚被政府购买，他就火速开售自己生产的木质相机，很快就又赚了一大笔钱。

摄影术是法国人发明的，中国人最早见识到照相机也与一个法国人有关。据史料记载，1844年10月，法国人于勒·埃及尔以外交人员身份来到广州，拍摄了中法《黄埔条约》签订现场的照片。随后，他还来到当时广州最有钱的商人潘仕成家中，替潘氏一家大小拍摄肖像照。说起照相术的八卦，我们知道它以前还有一个外号叫"摄魂术"，认为它"咔嚓"一响，就会把人的魂魄掳走。不过，广州是中国"西风东渐"的桥头堡，各种来自国外的新鲜事物总是最先在这里登陆，本地人因而历练得见多识广，所以对于勒手里的照相机，大家不但不害怕，反而充满了好奇心。正是这份对新事物的好奇与包容，种下了广州20世纪初照相业发达的种子。

于勒在回忆录里这样形容当时的热闹场景："街上响起了锣声，广州城的五位官人驾到……来看这个全城人都在谈论的神奇发明……潘仕成和他的子女们的照片被一抢而空……一群新来的人围上来，让我去外面照相给其他人看看，我很高兴地答应了他们的请求。"读着这段话，想一想摄影术发明刚6年，照相机就能在这儿掀起这么大的波澜，160年前广州城的国际化程度，还真是不容小觑。

1844年,广东人初识照相机。1845年,中国第一家商业照相馆就出现在香港街头,这也不过比位于纽约的世界第一家商业照相馆晚了5年而已。这家照相馆的老板是个名叫乔治·韦斯特的美国人。随后,一些商业嗅觉灵敏的洋人纷纷来到粤港澳,开设照相馆,招揽生意。

至迟到1861年前后,广州街头也开始出现了洋人开办的照相馆,并且受到热捧。当时有个名叫倪鸿的文人到其中一家照相馆实地考察了一番后,顿觉眼界大开,于是大笔一挥,写下一首《观西人以镜取影歌》,用文字记录下了洋人照相的全过程,成为后人了解广州早期摄影史的珍贵资料。

读一读他的诗句,"竿头日影卓午初,一片先用玻璃铺,涂以药水镜面敷,纳以木匣藏机枢,更复六尺巾冥疏,一孔碗大频觊觎,时辰表转刚须臾,幻出人全躯神传",早期的照相场景就非常鲜活地呈现在眼前了。由于前来拍照的市民天天挤爆门,洋老板的生意好得出奇。用倪鸿的话说,就是"日进洋钱满一车",真是赚得盆满钵满。

早期照相馆　云集十八甫

一门高利润的新兴生意，总会引来众多效仿者投身其中。从19世纪70年代开始，本地人开设的照相馆在市面上次第出现。这些人大多在洋人开设的照相馆里帮过工，掌握了"核心技术"后就另立门户，与原来的老板分一杯羹。

广州本地人开设的第一家照相馆出现在双门底大街（今北京路），馆主名叫梁海初，从香港学了一手摄影技术后回到广州创业，他还给照相馆起了个好听的名字，叫作"芙蓉镜"，一时间引得客似云来，生意马上就火了。

"芙蓉镜"在双门底开业之后不久，黎镛照相馆又在十八甫闪亮登场。当时的十八甫是广州的黄金地段之一，人气极旺。黎镛是旅美华侨，资金雄厚，故而能在这里占得地盘。黎镛照相馆最初门面不大，楼下一个单间，楼上照相。由于生意好，影楼规模很快就得以扩大，可以拍出24寸的团体照。黎镛照相馆的名声传出去之后，全城达官贵人拖家携口，争先恐后来拍"全家福"。

黎镛的成功使更多人看上了十八甫这块风水宝地，兆南昌照相馆、同生照相馆、真光公司照相部先后在此开业，围绕城内富户、大户主妇、舞台名伶这些目标客户用尽功夫，扩展生意。

有人紧盯主流人群，有人就专做细分市场。在十八甫菜栏横街一个不起眼的角落，就有一家阿芳照相馆，门面不大，装修不俗，主做外国人生意，专设英文招待员，收钱主要收"西纸"（外币），虽说不怎么为大众所知，但钱可一点都不少赚。除了外国人以外，还有很多贵族学生远道而来，拍照留念，毕竟在任何时候，都有人追求格调不是？

上层人群固然是理想的潜在客户，但一窝蜂都去追，就免不了激烈的竞争。随着照相馆在市面上渐渐增多，有人开始打起了"下里巴人"的主意。今日黄沙码头之所在，在当时称为谷埗，是全城花艇集中地，多的是姿容俏丽的疍家女。有人就在这里开了家照相馆，名叫"黎耀照相馆"，因为害怕水浸，影楼设在三层，后门直通水道，疍家女下船就可直上影楼，十分方便。这些女孩子大多没什么文化，又很迷信"转运相"之说，热衷于拍照转运，给店主带去不少生意。

十八甫一带是广州早期的照相馆集中地，但随着1912年艳芳照相馆在惠爱路横空出世，以及两家竞争对手——星洲照相馆和兆芳照相馆在此集结，惠爱路就成了照相业的核心竞争地带，遂有了"照相一条街"的美誉。城内各大机关的团体照生意，多为这三家照相馆垄断，其中，又以艳芳照相馆最受人青睐。

其实，说起艳芳照相馆这家百年老字号的故事，很多广州人都如数家珍。我作为广州历史文化的初学者，自然不敢假充内行。不过，通过1926年一期《广州民国日报》刊登的《赠像致谢》一文，我们倒能对艳芳照相馆当年的"威水史"有更深入的了解。文章是这样写的："艳芳照相馆研究影像精益求精，以故近来营业情形发达，凡本市各机关及团体摄影，多由该馆承办……且总理暨廖仲恺先生遗像，以该馆之映片最为精巧，非他影馆所能及者，特登报介绍……"再看资料中艳芳照相馆当时拍下来的知名新闻影像，从《孙夫人出席代表大会》，到《粤人反日出兵示威大游行》，再到《北行车厢中四要人：丁维芬、何香凝、谭延闿、顾孟余》……张张价值不菲。艳芳照相馆在20世纪初摄影界的"江湖地位"，由此可见一斑。

"闱姓"到底是一种什么样的博彩方式？它为什么会与科举考试如影随形？又为何引得全城男女老幼如痴如狂？今天的专家学者又为何说它是彩票业的"先驱"之一呢？

"闱姓"博彩：举城若狂的彩票热

1873年5月，《申报》刊出了一则新闻，在广州西关经营多年的老字号——福兴店突然人去楼空。街坊邻居都觉得奇怪，因为福兴店一向生意红火，没道理突然破产。再一打听，原来，店主酷爱"闱姓"博彩，每到科举考试期间，他总要一掷千金来"买彩"，谁知屡买屡赔，把本钱都输光后，他只得脚底抹油——溜了。其实，当时像福兴店老板那样痴迷"闱姓"博彩者大有人在。用1874年5月一期《申报》上的话来说，对"闱姓"博彩，广州"上而学士文人官绅僚佐，下至农工商贾妇女孺童，数年来举城若狂"。

举子姓氏成下注对象　猜买规则具彩票雏形

要想知道"闱姓"博彩到底是怎么回事,咱们先得下点文字功夫。这个"闱"字,指的就是科举考场,古时科举,就有"春闱""秋闱"之说,所以"闱姓"就是以中举考生的姓氏作为猜买对象的赌博形式。

那到底怎么下注呢?下注方法也很简单。每当乡试开场前,获得官方许可的商人(当时称"闱商")先将猜买姓氏的范围规定好,像"王""李""张"等大姓,几乎每次都有人中,所以不在猜买范围内,允许猜买的都是一些比较偏僻的姓氏,又称"小姓";猜买者得向"闱商"购买"闱姓"票,每票售价多为1个银圆;然后,他们就在"闱商"规定的"小姓"范围内选择20个自己认为最有可能中举的姓氏,记录在"闱姓"票上。

"闱商"每卖出1000张"闱姓"票,就构筑一个"彩池",售卖所得的1000银圆收入,两成孝敬官府,两成留作利润,剩下六成,就作为奖金分配。到发榜之日,猜中姓氏最多的为头奖,奖金300银圆,其次再设二奖和三奖,奖金分别为200银圆和100银圆。你看,这样的设计是不是和现在的彩票几乎如出一辙？难怪有不少专家学者将"闱姓"博彩称为彩票业的先驱之一呢。

"闱姓"博彩的游戏规则如此精巧，但它最初还真是底层百姓的"创造"。广东著名学者商衍鎏先生是清末最后一次科举考试的探花，他曾撰文回忆说，"闱姓"博彩的源头要追溯至佛山城郊山紫村的机房，出现时间约在19世纪中期，最早不过是机房仔为了消遣，猜测乡试中举考生的姓氏，以猜中多寡为输赢，所以"闱姓"还有一个俗名，叫作"卜榜花"。一开始，机房仔的输赢很小，不过一两百个铜钱而已，渐渐地，这个游戏往四乡八邻扩散开去，就有人开始专门设局开彩，输赢越来越大，游戏规则越来越精巧，参与者也越来越多，到了19世纪末20世纪初，甚至出现了举城皆为"闱姓"狂的局面，用《申报》上的话来说，"上而学士文人官绅僚佐，下至农工商贾妇女孺童"，就没几个不知道"闱姓"博彩的。这样的痴迷程度，用"彩疯"来形容，一点不算夸张。

"以小博大"迎合人性　举城若狂上演"彩疯"

"闱姓"本是周边机房仔们工闲时消遣的小玩意，为何能迅速流传到省城，引发一场又一场"彩疯"呢？要知道，任何一个新生事物的火速流行,乍一看出乎意料,仔细一分析,总可以发现其背后有多个利益群体的强力推动。这些群体虽然各自动机不同,但这并不妨碍它们形成一股极其强大的合力,使新事物的流行势不可当。那么,"闱姓"博彩火速流行的背后,到底有哪些群体在推动呢?

先说普罗大众。其实,当时流行的赌博形式五花八门,叫得上名的就有番摊、白鸽票、花会等,但"闱姓"还是在市面上强势崛起,因为它具备彩票雏形,游戏规则更为公平,也更有"以小博大"的致命诱惑力。下一个银圆的本钱,就可能有数百倍的回报,难怪全城百姓都要趋之若鹜了。如果你要批评这样的行为不理性,那就实在太不了解人性了。看看现在的股市,惹得多少人如痴如狂,背后的原因不也一样?要不怎么说,世易时移,人性却几乎不变呢。

正是普罗大众对一夜暴富的渴望,构筑了"闱姓"流行的强大民意基础,也才有了《申报》上"自缙绅大夫以及农工商贾、妇孺走卒,莫不倾其所有"的报道。

当然,"彩疯"席卷全城,肯定要有人付出代价。且看1873年5月《申报》的一期报道,在西关经营多年的老字号——

福兴店一向生意兴隆,可一天突然人去楼空。原来店主酷嗜"闱姓"博彩,每次彩局一开,他总要投入巨资,购买数百上千张票,试图"围彩",结果屡买屡输,直至血本无归,逃离省城。其实,类似福兴店老板那样被"闱姓"拖入赤贫阶层,继而为盗为匪的新闻在报上并不少见,但这些新闻不过是如轻风一般吹过人们的耳朵,然后他们一如既往把"一夜暴富"的梦想寄托在薄薄的"闱姓"票上,甚至为之押上所有家当。

图财源　官方几番摇摆终解禁
得厚利　"闱商"攒下资本开钱庄

说了普罗大众对"闱姓"博彩的热衷,咱们再说说官方的态度。上文说了,除了"闱姓"之外,当时市面上还有番摊、白鸽票、花会、骨牌会等林林总总的赌博游戏。对这些,官方一向是严令禁止的,因为赌博毕竟败坏人心,朝中"清流"人物一道奏折,就会让地方官吃不了兜着走。但对"闱姓"博彩,地方官的态度就要摇摆得多,因为赌局只在科举考试期间才开,游戏规则又跟彩票类似,危害相对要小得多,而"闱商"可报效的饷银数字又极其惊人,不由人不动心。所以,从19世纪中期开始,数十年间,历任督抚或禁或弛,态度一直摇摆不定。

1883年中法战争爆发前夕，洋务派中坚张之洞出任两广总督，为解战争经费的燃眉之急，奏请朝廷正式对"闱姓"解禁，征收饷银，"闱姓"博彩才算正式得到了官方许可。这个"新兴行业"到底为财税做出了多少贡献呢？且看一个数据：仅1893年一年，广东全省征收的"闱饷"就有70万两之多，占了当年财政收入的近两成。正是因为收了巨额"闱饷"，张之洞才得以买军火，建工厂，办新学。你说让他为了遵循"清流"人物口中的道德文章，禁止"闱姓"票发行，他会答应吗？

普罗大众趋之若鹜，再加上洋务中坚的强势推动，最高兴的就是卖"闱姓"票的商人了。当时，广州最有名的"闱商"是进士出身的刘学询。他出自寒门，虽然中了科举，却弃官从商，在当时也算惊世骇俗之举。但"闱姓"博彩给他带来了巨大的财富，成了他后来开钱庄、办水厂的本钱，他因而也一跃成为数一数二的富商巨贾，金钱势力"足以左右士子之成败，及官吏之进退"。

综观史料，一方面，"闱姓"博彩的确为南粤工业与教育的近代化转型提供了资金支持，另一方面，它又进一步腐蚀了当时的科场与吏治。通过这个南粤彩票"先辈"的故事，我们也可对历史的吊诡与复杂领略一二。

发行固然重要,但"内容更加为王",独家猛料对报社至关重要。在"一战"期间,《七十二行商报》凭借沙面德国洋行的渠道,独家报道了不少战时新闻,一时"风行羊城";《大公报》则利用法国教会的渠道,发表反德战事新闻,与《七十二行商报》贴身对决。

光复路:报业竞争的最初秀场

今日广州报业之繁荣、竞争之激烈,说在全国无出其右者,并不算太夸张。如果我们追本溯源,到百年前的老西关光复路报馆街看一看,就不难发现,广州报业发展之种子早在这里悄悄种下。这块昔日的风水宝地早已为今日报业之繁荣给出预兆。

这里报纸出街"没有最早,只有更早",有报馆次日报纸头晚售卖,就有报馆下午4时做版6时出街;这里不八卦无新闻,谁家的报道要是只讲教条无新意,发行量立刻哗哗往下掉……这里是近代报刊的发源地,也是报业竞争的最初秀场,精彩竞争大戏轮番上演,无止无歇。

小本创业好项目　报馆云集光复路

从晚清和民国时期报馆的数量,不难想象昔日报馆街的繁华热闹。晚清时期,广州市面上就已有了百多份报纸,其中一大半的报馆都在西关第七甫、第八甫一带;民国初年,广州的报纸数量更激增至两百多份,其中光复路一带就有130多家报馆。这是一条24小时都在忙碌的街道,众记者为独家猛料奔波,各家主笔比拼谁写得更惊世骇俗,手摇印刷机"嘎达嘎达"响个不停,报贩叫卖声不绝于耳。

当时市面上怎么会有这么多报纸呢?那是因为准入门槛低,小本即可创业。从清末到1938年广州沦陷这数十年内,很多时候政府对报业管理都很宽松,如果你兜里有几个钱,在光复路上租得起一个铺子,买得起一台手摇印刷机,再到警察厅备个案,你就能办张报纸了。当然,办得是否成功,就要看你的本事了。在报馆街上,有发行量达上万份的大报,也有发行量只有两份的小报,一份送警察厅备案,一份贴在报馆门口。

办报的什么人都有。清朝官府有"机关报",比如《两广官报》和《广东教育官报》,它们主要刊登皇上谕旨及其他官方文件,虽然可读性较差,但也算是"政务公开化"的第一步;一些思想新潮的举人、进士也开始进军报业,当时颇有影响力的《安雅报》《时敏报》《总商会报》都是他们办的,其中,《安雅报》尤以介绍西学著称;报纸更是维新派和革命派不可或缺的"发声器"。清末最畅销的报纸《羊城日报》是康梁的"主战场",而《时事画报》《可报》《天民报》等则是革命派的"阵地"。其中,《天民报》因言辞过于激烈,开张一天就被封馆,报界同仁还纷纷带着挽联和花圈到报馆门前"吊唁",期待它尽快"起死回生,卷土重来"。

有政治理想的人在办报,有商业理想的人也在办报。民国时期的《国华报》和《越华报》就是两份"无党无派,不谈政治"的商业报纸,创办人以毫洋几万元(一元毫洋的购买力相当于现在50元人民币)的本钱起家,报纸专挖市井猛料,获得了巨大成功,销量各有上万份。

你可别拿它们跟销量动辄数十万份的现代报纸比,在当时,销量达两三千份的报纸就算是大报,日子过得十分滋润,更何况销量达上万份,那是广告主眼里的超级巨星。

小报八卦无底线　大报也有重口味

在光复中路立足的报馆，但凡略有点规模，都会在各大茶楼店铺设立代销点，普通市民也慢慢养成了读报和听报的习惯，所谓"听报"，盖因当时识字率不高，很多人得到开明人士开办的"阅报处"去，听别人谈谈讲讲，获得不少信息。不管是"读报"还是"听报"，普通人最热衷的还是八卦新闻，这一点到现在也未改变。

翻开最擅长市井八卦的《越华报》和《国华报》，满眼尽是妻妾争风、荡妇骗财、夫妻失和的新闻，像"中学生别恋重婚""女苦力道边流产""弃妻争宠起风波"这样的标题比比皆是，想来这两家报纸的编辑也修炼过打标题秘笈，这两家报纸能畅销不衰，靠的正是这八卦功夫。

《越华报》和《国华报》规模较大，纵然八卦，也还算靠谱，有些小报玩起"重口味"来就毫无底线了。话说清末民初，很多青楼女子也有读报爱好。《天趣报》报道，某一日，一个名叫彩玉的青楼女子偶尔"听报"消闲，恰恰某小报登载了她与一个名叫"十八郎"的男子的绯闻，彩玉骂不绝口，痛斥报纸做假新闻。文中的彩玉"听报"听到假新闻，但报道者《天趣报》本身格调也不高,是否"假新闻"里套着"假新闻",就不得而知了。

商业报纸要靠"八卦"开拓市场,就连《广州民国日报》这样的政府机关报都得注重文字的趣味性,否则根本无法立足。《广州民国日报》不能在新闻上做太多文章,唯有副刊可以游戏文字,所以该报有"宁可缺要闻编辑,不可缺副刊编辑"之说。这也是当时大部分报纸的经营理念。

不管严肃大报,还是市井小报,十有八九少不了情爱小说、奇侠怪传和鬼故事这三大招揽读者的"法宝",不过程度有所差别而已。

普通百姓爱绯闻,精英分子也很明了八卦的威力。1904年3月,革命派掌控的《中国日报》副刊版登了首《龙舟歌》,将康有为娶妾当件大事来说,文笔很是夸张。该报还用辛辣的笔调讽刺了康有为的"大寿"场面,称众人"或千或百"地为圣人做贡献,"固见商人之愚悃心,亦足见圣人之经济学也"。

早报独家都得拼　套报节操碎一地

笔者在新闻界从业十来年，对现代报业的竞争也算略有体会，但翻了报馆街的历史资料才发现，今日的诸多竞争手法，当年报馆街的前辈都玩过，而且玩得同样娴熟精彩。仔细一想也完全可以理解，这么多报纸在市面上挣饭吃，没两把刷子，早该关门大吉，回家卖红薯去了。

与现在一样，当年也风行"早报战略"。《国华报》为抢占市场先机，大胆推行"次日报纸头晚卖"的做法，其他报纸还在"羡慕嫉妒恨"呢，新创刊的《快报》推出了"下午4时做版，6时报纸出街"的奇招，又一次成为业界瞩目焦点。可见，在报馆街上，出报"没有最早，只有更早"。除了早报，"扩版"也是重要的竞争战略，多家大报出过对开8版、12版。《广州民国日报》还将版面扩至对开16版，一时成为各报之最。

当时，市面上的报纸全是"自办发行"，代售点从书店延伸至食肆、茶楼和各色商店，很多报纸为此还展开了"发行网络大比拼"。《羊城日报》是其中的佼佼者，它不仅在广州设立了25个代理点，还把触角伸到海外，在美国、日本、越南、菲律宾等地设了50多个代理点。

发行固然重要，但"内容更加为王"，独家猛料对报社至关重要。在"一战"期间，《七十二行商报》凭借沙面德国洋行的渠道，独家报道了不少战时新闻，一时"风行羊城"；《大公报》则利用法国教会的渠道，发表反德战事新闻，与《七十二行商报》贴身对决。

拼内容、拼发行，这样的竞争虽然激烈，但是光明正大，还有一些竞争手段就不怎么见得光了。比如，因为《国华报》卖得火，市面上就出现了《国华时报》《新国华报》《国华真报》等好几个冒牌货；《共和报》面市后，又有《真共和报》来搭便车。最没有节操的，除了报纸名字是自己的，内容全部从其他报纸上摘抄而来，当时被人称为"套报"。如果你穿越回去，只能做个"套报"总编，那我劝你还是留在当下，老老实实做个小编小记算了。

林楚楚与严珊珊互敬互爱，共同在背后扶持丈夫的事业，也成了近代中国电影史上为人津津乐道的传奇。现在的香港影星黎姿，就是黎民伟的孙女，而她的美貌，就来自祖母林楚楚的遗传呢。

影业萌芽：广州海选女星演大片

90多年前，广州城里就出现了"海选女星"这么时髦的事，听起来是不是有点夸张？其实，我一点也没夸张。1924年，电影先驱黎民伟在西关开拍广东第一部故事长片《胭脂》，就曾在城内各处贴出广告，海选女角。彼时广州风气初开，"海选"引起的社会反响自然不像现在各类"达人秀"这般轰动，前后只有六七个出身正经人家的女孩子报名。这个结果在今日看来固然不起眼，但与1913年电影初入南粤之时相比，却已有了相当大的进步。那时，女人若要演电影，那是大逆不道、辱没家风的事，所以女性角色也只得由男子改装扮演。短短十年之间，人们的观念已经有了不小的变化。正是借着观念变化的力量，一大群女星随后脱颖而出，像璀璨的星辰一般照亮银幕，成就至今未曾褪色的美丽传奇。

广东最早电影迷　饿着肚皮学摄影

谈起广东电影先驱黎民伟的故事，很多老一辈的圈内人可都是津津乐道。说来惭愧，我是直到寻找老广州电影业的史料时，才知道了他的大名，真是差一点就走了宝。

黎民伟出生于1893年，祖籍新会。当时的新会县隶属广州府，至于现在的江门市，当时只是新会下属的一个小镇，跟现在的行政区划完全掉了个。接着说黎民伟，由于父亲生意上的安排，他从5岁起便在香港读书。在其自传《失败者之言——中国电影摇篮时代的保姆》中，他细说了14岁那年与电影初次邂逅的惊喜之情。文中写道："我看见银幔上的形态，真的许多是在动呢，所看的日俄战争，舰上开炮和山上开枪时还在幕后配上鼓声枪声，我惊讶莫名，我兴奋难喻，'心焉向往，乐不可支'……同时又使我感觉到，电影将来在娱乐上和教育上，是要做主帅呢！看罢归来，我不自觉地渐渐把意志沉浸在电影事业方面去了。"

其实，电影在20世纪初刚刚引进南粤之时，在绝大多数人看来只是个不起眼的洋玩意，年仅14岁的黎民伟却做出了这样超前的洞察，实在令人惊讶。不过，那时他还在读中学，顶多只能天天中午饿着肚子，省出两年的午饭钱，买台最便宜的摄影机，预先练练技术，要想正儿八经拍电影，还得再耐心等上几年。

1913年，也就是他20岁那年，机会来了。当时，曾在上海开设"亚细亚影戏公司"的俄裔美国人布拉斯基途经香港，机缘巧合与黎民伟见了面。当时黎民伟正在苦寻入行的门径，岂可坐失良机？经过一番努力，两人商定，由布拉斯基的公司出钱出设备，黎民伟主持的一个戏剧社出人，合作拍摄一部本土故事片——《庄子试妻》。这个电影要唠叨起来可就话长了，简而言之，就是庄子辞世成仙之后，又转回头考验新寡之妻是否忠贞的故事。说实话，我觉得一向看不起孔子的庄子绝不会干出这样的事，但这不过是假托庄子之名拍出的警世电影，也就没必要较真。

辛亥女敢死队员　冲破禁忌"触电"

话扯远了，让我们讲回黎民伟拍片的艰辛历程。电影开机在即，但女主角却还没有着落，莫说那时的正经人不会允许自家女儿在银幕上抛头露面，就是黎民伟自己，也不会想到找个女人来演主角，即使在当时看来最进步的精英分子身上，"男女大防""三妻四妾"之类的观念仍残留着顽固的烙印。再说，黎民伟自己可能也想在片子里"过把瘾"。于是，他男扮女装，出镜饰演庄妻。留心看当时的剧照，他的扮相还很是清丽动人。

女主角的人选有了着落，女配角——受庄妻差遣扇坟的小丫鬟还没人演呢。黎民伟实在找不到合适的人选，灵机一动，决定向妻子求助——反正时间很短，应该不会造成太大问题。黎民伟的妻子名叫严淑姬，一听这名字就是个大家闺秀，但她还有一个相当劲爆的身份，那就是辛亥革命时期广东女子敢死队队员。话说她连炸弹都敢扔，但要在银幕上对着成千上万的人抛头露面、"牺牲色相"，她也犹豫了很久。最后为了助夫婿一臂之力，才毅然给自己起了"严珊珊"的艺名，在电影里"跑了个龙套"。这个勇敢的广东姑娘由此以中国第一个女演员的身份被记录下来，出现在每一本中国电影史教科书里。

今天我们回过来看这两个年轻人的心路历程，难免会觉得有些不可思议，但时代的进步，其实就是在新旧观念艰难曲折的冲突与演化中发生的。缺乏对这些细节的洞察，我们也很难真正理解广东"开风气之先"的艰难和宝贵。

这对广东小夫妻也的确创造了"历史一刻"。《庄子试妻》拍成后，随即远赴美国公映，大受当地华侨欢迎，它也由此成为第一部在美国公映的中国电影，时间之早，连好莱坞都要相形见绌呢。

西关大屋作片场　广告海选招演员

从1913年小试牛刀，拍成《庄子试妻》起，到1924年在西关真正拍出第一部故事大片——《胭脂》，黎民伟为电影耗去了十多年光阴。这十年里，他与两位兄长一起投资创办了名为"新世界"的豪华电影院；他还通过当年孙中山的秘书、前中山大学校长邹鲁的介绍，充任孙中山出席一些重大庆典活动的"摄影师"，留下了大量珍贵的影像记录；1923年，他还与几位同仁一道创办"民新制造影画片公司"（以下简称"民新公司"），总部设在香港铜锣湾，之后没多久又在广州东山龟岗设立分部。

自从"民新公司"成立后，黎民伟满心想的就是拍出一部好片子。为此，他从美国买来当时最先进的摄影机、水银灯、发电机等设备。1924年11月，"民新公司"租下了西关多宝坊内的一栋大宅作为摄影场，准备开拍故事大片《胭脂》（又名《情场法网》）。要说这十来年的变化还真大，十多年前连黎民伟自己都觉得女人在银幕上露个脸是"非常之举"，十多年后他已经可以在街头张贴海报，公开招录男女演员了。结果，海报贴出去没几天，就有30来个人报名，其中女孩子也有六七个。读者你不要小看这个数字，这可是广东女孩在电影界点燃的"星星之火"，用不了几年就会烧成"燎原之势"。不信，你翻一翻20世纪三四十年代那些出名女性的履历，其中绝大部分人都出自广东。

话又扯远了，回过头再说《胭脂》的拍摄。有30多个人报名，不代表他们都有表演天赋呀，于是，"民新公司"又组织了一系列的才艺表演比赛，过关的选手才能进入"民新公司"自办的演员养成所——也是广州最早的一所电影学校，接受一定程度的培训，才能在剧中亮相。这不仅是广州历史上最早的一次"海选"活动，在中国电影界也算是"拔得头筹"呢。

1925年春节,《胭脂》正式公映,成为当年第一部贺岁大片,短短一个星期内,收入就高达6000多元,以后的票房更是居高不下,而《胭脂》的制作成本也只有9000多元,比照一下,这一成绩着实不俗。

不过,《胭脂》的主角并不是从这些学员中选出来的,而是由黎民伟的第二位妻子林楚楚担纲演出,因为公司顾问认定她"楚楚动人,与胭脂气质相和"。林楚楚随后一发不可收,出演了《故都春梦》(与阮玲玉合作)、《玉洁冰清》《西厢记》《木兰从军》等35部电影,成为当时人人皆知的影视红星。而她与严珊珊互敬互爱,共同在背后扶持丈夫的事业,也成了近代中国电影史上为人津津乐道的传奇。对了,现在的香港影星黎姿,就是黎民伟的孙女,而她的美貌,就来自祖母林楚楚的遗传呢。

在老广州，搭棚又有"空中练武"之称。棚工在30多米的高空作业，一双赤足得像铁钳一样勾住棚架，这样才能腾出双手拉扯竹、木上架，时而还要头顶肩扛，尺寸要用手量，水平线则要目测，所以这既是力气活，更要胆大心细。否则一着不慎，从高空跌落，肯定没有活路。

旧时棚匠：高空"练武"搭牌楼

"穗城风俗，每于秋间设坛建醮，以祈福泽，以消疫疠。虽所费不赀，无吝色。其设醮之所，必高搭彩棚数座，悉编竹为之，杰阁层楼，山亭水榭，无不组织入神，装潢尽致……"这是刊登于清末画家吴友如所著的《风俗志图说》中的一段话，说的是风行于老广州的民俗活动——迎神赛会，通俗点理解，就相当于今天所说的庙会。百年前的广州城里，老百姓信奉的神仙特别多，各种神仙诞层出不穷。但凡到了神诞日，坊间必定彩棚高搭、牌楼高企、花团锦簇、灯火通明，真是看不完的繁华热闹，说不尽的民间狂欢。不过，你想不想知道，到底是什么样的能工巧匠,搭起了这一座座流光溢彩的彩棚醮坛呢?那么,就让我们八一八昔日广州城里"搭棚佬"的故事。这个行当如今早已消失,但它的种种趣闻逸事,必会让你接触到更多老广州市井文化的地气,从而对这座城市有更丰富亲切的体验与认知。

老广州七十二行　搭棚最好"捞"

顾名思义,"搭棚佬",就是指"搭棚的人",又叫"棚匠"。在20世纪初的广州,这可是一群很受欢迎的手艺人。根据相关数据,20世纪20年代初,全城有上千棚匠。他们挣得比一般的匠人要多,一个木匠一天挣上5角毫银就算不错了,一个棚匠一天却能挣到7角毫银,老板还要管饭,而且天天有工做,所以老广州有句俗话,叫作"七十二行,搭棚最好'捞'(赚钱)"。

那么,"搭棚佬"为何如此吃香呢?这是因为当时的广州城几乎处处皆需"棚",实用的有兵棚、凉棚、晒棚、喜棚等,非实用的有戏棚、醮棚、牌楼和灯棚。所谓棚,其实就是以竹木为框架,上盖茅草或葵叶的临时建筑。不过,如果你以为它们就跟现在遍布工地的简易房差不多,那就大错特错了。很多时候，它们更像是精致的艺术品。先说醮棚，上文说了，老广州的各路神仙特别多，人们庆贺神诞必要搭彩棚。清末画家吴友如就曾这样形容他在太平门外打铜街看到三座彩棚，"各匠役别出心裁，争妍斗胜。直至开坛之日，始行结顶，顶上蟠以龙口，衔万火之灯，盘旋至地，不下十余丈"，高约30米的彩棚，点缀蟠龙造型，龙口还要衔灯，这样的技艺真是"巧夺天工"。

说完醮棚，再说牌楼。自打辛亥革命后，广州凡有盛事，大多会搭建牌楼，以示庆贺。1928年，京剧大师梅兰芳初到广州演出时，海珠戏院门口就曾搭起几座高八九丈的牌楼，每座牌楼上都高悬梅兰芳的剧照，蔚为壮观。1934年，"南天王"陈济棠举行民间艺术游乐"狂欢节"，在市内多个交通要道搭建牌楼。一到夜间，处处灯火楼台，人们在牌楼下舞龙。这些牌楼，也都出自棚匠之手，行内就叫"欢迎棚"。

当然，与醮棚和牌楼这样的艺术杰作相比，兵棚、凉棚乃至学生居住用棚等"实用棚"的技术含量就要低很多，但它们的需求量更大。广州棚业前辈梁源先生所著的《广州搭棚业》一文曾写道，辛亥革命后，各地民军云集广州，各路军阀盛行"拉伕"，但若有搭棚佬被"拉"去，事后总会被放回，因为军阀还急等他们盖兵棚呢，所以那时坊间有"拉伕不拉搭棚佬"的说法。

到了抗战初期，"搭棚佬"又为广州贡献了一个新产品——防空棚。从1937年10月起，日机开始对广州狂轰滥炸，"搭棚佬"们就在高层建筑物顶上用竹子搭起五至七层的防空棚。这些竹棚往往能卡住炸弹，使其不能即时爆炸。当时，市府合署大楼的防空棚就曾"兜住"过一颗巨型炸弹，炸弹后来徐徐从棚顶滑下，落到地面上，炸出了一个两米深的大洞，大楼幸而得以保全。

要想高空耍把式　地上苦练数年功

老广州处处皆需棚，使得"搭棚佬"的日子比"三行仔"（木匠、泥水匠、石匠）更滋润一些。20世纪初，一般的"三行仔"大清早都要聚集在朝天街（今朝天路）和惠爱街（今中山六路）一带，等人雇用，俗称"企市"。"搭棚佬"则用不着"企市"，很多人平时住在德政街、大塘街和鸿昌大街等地的"散仔馆"之内，每天晚上都有棚铺老板上门去请。到了用工旺季，一天一个银圆的工钱都可能请不到人。

俗话又说，"吃得苦中苦，方为人上人"，与"三行仔"同属草根阶层的"搭棚佬"压根不是什么"人上人"，不过没有生计之忧而已，但要想吃上这碗饭，却非下苦功不可。据梁源先生的文章所述，"搭棚佬"内部可是等级分明，要想入行，先得做3年学徒，日夜捱苦，一年不过拿个十元八元零用钱；3年后入行，但还没资格上棚，只能在地上当搬运工，俗称"捱师"；6年后上棚操作，这时才是名副其实的棚工，棚工当得好，可以升格为师傅。

当了师傅，就可以落地当指挥，不用再干体力活了，还可以享受"一日七餐"的待遇，一早到茶楼饮茶，接着回铺吃早饭，8时开工，上下午都要歇息用茶点，中午晚上都上茶楼用餐，老板还管一顿夜宵。"一日七餐"的待遇可以说是"搭棚佬"的最高目标，但真不那么容易实现，一般人怎么着也得在行内苦熬十年以上。

在老广州，搭棚又有"空中练武"之称。棚工在30多米的高空作业，一双赤足得像铁钳一样勾住棚架，这样才能腾出双手拉扯竹、木上架，时而还要头顶肩扛，尺寸要用手量，水平线则要目测，所以这既是力气活，更要胆大心细。否则一着不慎，从高空跌落，肯定没有活路。所以，当时老广州大大小小百来家棚铺,几乎家家有工人到武馆学武,规模较大的铺子还会请武术教头上门授艺,练出一副好身手,上棚作业才更保险。

习武之风的盛行使搭棚业形成了一条有趣的行规,就是不管是工人,还是老板,彼此常以花名称呼。事实上,城内百来家棚铺,九成以上都是小本经营,东家与雇工并没有那么泾渭分明。像"肥仔安""牙斩源""大炮招""剃头富"等都是常见的花名,大家天天叫来叫去,倒也十分热络。

此外,20世纪初,老广州各个行当的手艺人都会供奉各自的祖师爷,"搭棚佬"也不例外,他们把远古时代的有巢氏、春秋时期的鲁班和火神爷华光同奉为本行的祖师爷,意在效法有巢氏的搭架技艺、鲁班的规矩方圆和华光的"三只眼"——兼顾四周。不仅棚匠要拜这三个祖师爷,东家同样也要拜他们。事实上,那时候的"劳资双方"都加入同一个行会,不过分东西两行,东家行(资方)名叫太古堂,西家行(劳方)则名正义堂,双方同奉祖师爷,各定行规,定期沟通。这三个祖师爷生日的时候,全城棚匠都会停工一日,行会出资,摆下丰盛的酒席,慰劳他们一年到头的辛苦。根据《时事画报》的报道,每遇师傅诞,工人们酒足饭饱之后,或打牌,或闲游,皆得大快活。其实,那时候的工匠根本没有周末的概念,师傅诞不过是给了他们一个休息的理由而已。

当时,每次广州邮政总局的招考广告一出街,前来迎考的人总会踏破门槛,其热度与今日的"公务员考试"有得一拼。邮局的职位是不需要介绍人的,而且必须公开招考,不能暗箱操作。于是,在就业前景惨淡之时,常有青年学子藏起大学文凭,冒充小学生应考信差之位。

百年前"快递哥"可吃皇粮吸引不少大学生入行

昔日"快递哥"　入行考英语

"广州邮政总局现因邮务日益发达,特拟添邮差多名以期派信快捷,昨经邮司出示招考,以体魄强壮、并无嗜好、熟悉省城道路、通晓文理,以及由两间殷实商店担保者为合格云……"看了这一段刊登在1917年9月17日《广东劝业报》的文字,你会不会有点惊讶,不过是招聘几个"快递哥",既要公开招考,还要商店担保,是不是有点小题大做了?其实,那时广东官办邮政起步不久,其员工个个端着公家的"铁饭碗",全无失业之虞,薪水还会连年看涨,因而这个新兴行业引得无数青年竞折腰。竞争者一多,行业门槛水涨船高,连英语都加入了测试科目的行列。虽说官方不要求"快递哥"个个能说英文,但外语流利者能拿到诱人的高薪。身为广州最早一批"快递哥",他们缘何能端上"铁饭碗"?又为何掌握了英语就能拿到高薪呢?

官办邮政第一年　七个信差跑全城

1897年2月的一天,位于沿江西路的粤海关大楼出现了一点小小的变化:大楼底层东北角三个小房间里,多了几个身着蓝色号衣的工友,跑里跑外忙碌着;办公桌前,身穿配有海关纽扣制服的职员正襟危坐,等客上门;再往里看,西装革履的高层人士凑在一起,热烈讨论着上哪儿拓展客户去。这样的场景看来着实普通,但楼前那两个通体绿色、头戴"黄帽"的邮筒提醒着过往行人,此处是广州第一家官办邮局之所在,且头顶"皇家邮政"之光环,众人不可小觑。

你或许要问了,广州第一家官办邮局为何要开在海关大楼里呢?这话说起来就长了。其实,中国近代邮政事业的创办,与在中国当了45年海关总税务司的英国人赫德有莫大关系。

赫德的是非功过自有后人评说，不过他在衰朽的旧帝国制度中创造出了唯一不贪腐的高效衙门，确是学界公认的事实。从1866年开始，赫德利用海关代寄使馆邮件的制度，逐渐扩展至收发外界信件，整整折腾了30年，为办理新式邮政攒了不少经验。1896年，"大清邮政"正式开办，接到圣旨的老赫德很是感慨，说道："奉旨由我开办邮政，三十年的旧话，二十年的经验，最后终于成功了！"

言归正传，咱们既然在讲广州第一拨"快递哥"的八卦，赫德的故事自当点到为止。不过，赫德当时做了一件事，影响了此后几十年内无数"快递哥"的命运，那就是他完全参照英国的文官制度设计了官办邮政的管理体制，从高层的邮务长到最底层的邮差，层层划分等级，同时又规定了详尽的晋级涨薪、休假福利以及医疗保障等制度。辛亥革命后，"大清邮政"改为"中华邮政"，但整套管理制度仍沿袭了下来。

就这样，这些身处底层的"快递哥"们上班有制服，下班有便衣，病了有医生看，累了有假休，独一无二的待遇足令城内其他行当的工友艳羡不已，所以坊间一早就有了"在海关工作是'金饭碗'，在银行工作是'银饭碗'，在邮局工作是镶着金边的'铁饭碗'"的说法。

据统计，广州邮政总局开张营业的第一年，虽然顶着"皇家邮政"的名头，但力量还很薄弱，总共只聘用了7名信差，忙乎全城的投递业务，这7名信差也是广州第一拨吃上皇粮的"快递哥"。

送快递先得考试　懂英语身价倍增

要说当时广州官办邮政开拓起业务来还是蛮拼的，第一家邮局开办不久，就将营业时间拉长到了晚上10时，以便人们收寄邮件。起初它只收寄普通信函和包裹，但很快就将业务拓展到了汇兑银钞、国际信函、代订书籍、快递邮件等各个领域。快递邮件的出现，在当时确是一大突破。人们既可以在家坐等"快递哥"上门揽件，也可以在出门时随身带着邮件，在路上遇见身着制服的"快递哥"，就把邮件给他，顺便再给一角银币就行了，连邮票都不用贴，于是"民咸称便"，邮局的业务渐渐旺了起来。

1899年，广州邮政总局在华宁里开设了老城分局，到1914年，城里城外已经有了十几家分局，分布于高第街、四牌楼（今解放路）、第十甫、双门底（今北京路）、潮音街、兴隆大街、河南洪德大街等商业旺地。

新式邮政蒸蒸日上,自然要招收更多的"快递哥"。上文说了,当时在邮局工作,拿的是公家的"铁饭碗"。不过,要想端上这个"铁饭碗",先得通过一个严格的入职考试,这也是赫德当年立下的规矩。邮局内的文员职位固然要有大学学历,且要考算学、英文、地理等多门课程,连信差、邮差这样的职位也必须拥有小学学历,能够读书写字,略通英文者,薪酬更要加倍。

说实话,那时底层平民使用邮件的机会并不多,常跟邮局打交道的不是官宦,就是商人,其中洋商也是邮局看重的客户群体之一,邮政总局高薪聘请会说英文的"快递哥",就是为这群客户准备的。

你或许又要问了,招个"快递哥",要求还那么高,真有那么多人愿意去干吗?所谓时移世易,当时,每次广州邮政总局的招考广告一出街,前来迎考的人总会踏破门槛,其热度与今日的公务员考试有得一拼。要知道,那时几乎每个行业入行都要介绍人,贫寒学子往往苦于没有门路,可邮局的职位是不需要介绍人的,而且必须公开招考,不能暗箱操作。能考上坐办公室的文员固然好,做不了文员,哪怕先当个"快递哥",靠着每个月二三十个银圆的收入,足可温饱度日,更何况做好了还可以升职加薪。于是，在就业前景惨淡之时，常有青年学子藏起大学文凭，冒充小学生应考信差之位。

1917年9月19日的《广东劝业报》刊登了一篇题为《愿做邮差者须知》的文章。文中提到，若想做邮差，必须"体魄强壮、并无嗜好、熟悉省城道路、通晓文理，以及由两间殷实商店作保"等多项条件。这些条件在今人看来可能有些苛刻，但当时应考者众，官方有足够的底气精挑细选。

捧上"铁饭碗"　公汽免费坐

随着广州城内邮局渐渐增多，广州通往四邻八乡的邮路也在渐渐扩展。根据统计，到1917年为止，广州开通了至从化一线的自行车邮路；同时，又在江高、沙河、石牌、康乐、沥滘、石井等地设立村镇信柜。不过，后者是步班邮路，"快递哥"们只得一根扁担在肩，一头一个沉重的邮件筐，一站站地走，一路走，一路分发收揽邮件。每天总要走上100多千米的邮路，才算完成任务。当时有一首流传甚广的民谚，说的就是这一群"快递哥"的辛苦。民谚是这样说的："一根扁担两条绳，一盏马灯一串铃，肩肿足破苦难言，差字压头心更酸。"他们虽说捧的是铁饭碗，可一天天日晒雨淋的辛苦，也只有自己知道，如果是读了十几年书的贫寒学子，为免冻饿之虞才入了这个行当，更不知要如何自怜自嗳了。

20世纪30年代，广州近郊开始有了长途汽车，这才改变了这些"快递哥"的命运，按照当时官方的规定，他们只要身着制服，手上拿着邮件，就可随时随地免费搭车。这则通知刊登在第370期《市政公报》上，紧随其后有一则题为《各机关人员乘车搭船均给全价案》的通知。你将这两则通知对比一读，是不是也觉得挺有意思呢？

运气不好，没拉到多少活时，他们只能对自己的肚子做文章，要么将三顿饭并作一顿饭，车夫行话叫作"单条饭"，要么索性饿上一整天，行话叫作"拜万寿"。这些看似俏皮的行话背后，折射着这群小人物笑中带泪的困苦人生。

街头搵食的人力车夫：现实版"骆驼祥子"

每天辛苦拉车十多个小时，所得不过一元多，其中的一半要当"份子钱"上交公司，时不时还得给"实权人物"孝敬一点茶水费，剩下的几角钱不过刚够吃饭，一旦生了病不能出去拉车，手停口停，就只好忍饥挨饿，甚至流离失所，露宿街头——这便是20世纪30年代广州城内逾万人力车夫的生活状况。说起来，真是"怎一个苦字了得"！此刻，就让我们穿过时间的长河，看一看这群小人物的悲欢吧，因为这些活跃于街头巷尾的"骆驼祥子"，是老广州光怪陆离的市井生活中不可缺少的一环呀。

人力车当道广州　　全城共五千多辆

人力车最早在中国出现于什么时候呢？关于这个问题，学界说法不一。有人说，早在1869年，香港就已出现人力车了；也有人说，1874年，法国人将人力车从日本引入上海租界，是人力车最早进入中国的标志事件。不过，广州早在晚清就已有了人力车，却是大家公认的事实。

虽说人力车早在晚清年间就出现了，但在广州，它一直到20世纪二三十年代才迎来了属于自己的"黄金时代"。说起原因嘛，一来，人力车刚被发明的时候，轮子是用木头做的，一有颠簸，就把人震得骨头疼，所以不怎么招人待见，之后几经改良，用上了充气的橡胶轮胎，才大大改善了人们的乘坐体验；二来，广州在20世纪二三十年代修成了上百千米的交通路网，将大量逼仄的旧街巷改成了宽阔平整的新马路，再加上1933年海珠桥建成通车，珠江两岸连成一体，这才大大拓展了人力车的用武之地。

当时到底有多少人力车呢？根据出版于1934年的《广州年鉴》，1929年，全城投入运营的人力车共有4300多辆，之后历年有所增加，到1933年，人力车总数为5600多辆。那么，如果有人想要做人力车生意，是不是自己掏腰包买辆车，就可以出街拉客呢？你若这么想，那可就太天真了。就跟今天的出租车一样，当年想做人力车生意，也得先跟政府买个牌照，才能合法上路。

据当时市社会局的调查，当时广州城内有七大人力车公司，分别为安乐公司、利昌公司、厚兴公司、恒益公司、平安公司、荣安公司、福安公司。其中，安乐公司是名副其实的龙头老大，名下共有3000多辆人力车，其他各公司拥有的人力车大多在数百辆之间。人力车牌照每三年认投一次，每辆车的费用多在150元（毫银）以上。这样一算，政府光从人力车公司收的许可费，就有近百万银圆之多。

人力车公司认购车辆以后，并不会直接同车夫交易。它们会将车辆租给一些车夫头目，每辆车除了几十元的押金以外，每天的租金总在六七角之间。这只是明面上的费用，由于人力车牌照在当时是稀缺资源，车夫头们私下里还得花掉一些茶水费，才能顺利拿下租车权。车夫头拿到车辆后，再加价一两角，转租给人力车夫。另外，所谓"羊毛出在羊身上"，车夫头们送出去的茶水费，自然也要从食物链底端的车夫身上赚回来。

揾食唔易：

份子钱加茶水费　去掉收入近一半

　　七八十年前，全城又有多少人力车夫呢？据广州市社会局在1933年做的一项调查，车夫总数超过一万。人多车少，所有人力车全都实行"两班倒"，白班一般从早上6时干到下午3时，晚班一般从下午3时干到次日凌晨。由于夜晚乘客少，生意清淡，车夫迫不得已，只好延长工作时间，往往要做到交班的最后一刻，算起来，最长的工作时间竟有十四五个小时。由于长堤、西濠口、一德路、永汉路、太平路一带最为繁华，因此，不管白天夜间，总有很多车夫在此等候拉客，兜揽生意。

　　当人力车夫是个苦差事，但凡有别的谋生之路的，谁也不愿像骡子一样天天奔波十多个钟头。因此，干这个活的本地人不算多，更多的是来自周边的乡民。受世界经济危机的影响，省城周边的工厂纷纷凋敝，乡村大多陷入破产之境。又由于潮安、惠州一带时常"咸潮倒灌"，农田惨变荒地，也毁掉了很多人的生计，大批无业流民因此涌入省城，很多人大字不识几个，只好以拉车为生。另外，根据著名社会学家伍锐麟先生于1937年做的一项调查，除破产农民占了大半壁江山外，失了业的店员、佣工，亏了本的小贩，乃至退役的老兵也是车夫群体的重要成分，其中甚至还有丢了饭碗的警察。拉车虽苦，但由于"人多车少"，他们要想干上这一行，或多或少还得给车夫头目孝敬一点"茶水费"。有的没法租到车，甚至只能向车夫租一点零散的时间出来卖力气，伍锐麟先生称这种现象为"买车尾"。揾食不易，对这个群体而言，实在是再残酷不过的现实。

一天当牛作马跑下来，到底能挣多少钱呢？其实，全城上万车夫中，有人体力好，有人体力差，有人活多，有人活少，收入不可一概而论。不过，多数人每天的收入只在1元左右。可一辆车每天光交给车夫头目的份子钱就要八九角，两个车夫分摊，每人得给四角多，几乎占了收入的一半。

日常生活：
缺钱就吃"单条饭"　　肚饿唤作"拜万寿"

不过，车夫虽属边缘人群，地位十分卑微，但在那个时候，却也有自己的工会组织，称为"人力车工人俱乐部"。1924年9月，俱乐部还在全市各处发出通告，称多数车夫"酷暑严冬，打风落雨，都不能停止工作，亦不得吃一顿饱，穿一件暖"，大声疾呼"各行工友团结起来"，谋求应得的福利。1928年，有人力车公司因强加车租，吃了市公用局一张罚单。公司迁怒于向官方告状的车夫，决定强行收回车辆。大批丢了饭碗的车夫群情激奋，蜂拥至市政厅前请愿示威，官方因此勒令该公司即时放租，不得为难车夫。到了20世纪30年代陈济棠主粤时期，为了缓和人力车与电车之间的矛盾，官方还规定"市内车辆入夜后禁止行驶，使人力车夫于夜间多作一些营业，以维持生计"。官方甚至还设立了通俗图书阅览室，以求丰富车夫的精神生活，以免他们在不多的闲暇时间里去光顾赌馆、烟馆以及地下娼寮，造成严重的社会治安问题。

然而，就车夫困顿的生活处境而言，不管是工会的努力，还是官方的举措，都只能算是杯水车薪。

先说"住"。根据伍锐麟先生的调查，多数车夫住的是"车夫馆"，由车夫头租下一栋旧楼，在每个房间里放上数十张高架床，再把每个床位以每月几角到一元不等的价格转租给车夫，车是"两班倒"地拉，床也是"两班倒"地睡，淋浴设备则完全欠奉。整个"车夫馆"空气污浊，脏乱不堪，时常导致肺痨、疟疾和皮肤病的流行。

再说"吃"。当时的大米大约是1角钱一斤，总还得买点菜买点肉，吃饭对车夫而言是一笔不小的开销。伍锐麟先生在调查报告中说，大多数车夫花在食物上的开支，要占到总体开支的八成左右。这么高的恩格尔系数，也佐证了车夫群体"时时挣扎在贫困线上"的事实。运气好时，他们在晚餐时分买点酒肉菜蔬，回到"车夫馆"，几个人围一桌，喝上二两小酒，消解一天的疲乏；运气不好，没拉到多少活时，他们只能对自己的肚子做文章，要么将三顿饭并作一顿饭，车夫行话叫作"单条饭"，要么索性饿上一整天，行话叫作"拜万寿"。这些看似俏皮的行话背后，折射着这群小人物笑中带泪的困苦人生。

其他篇

翠幕红楼应月明,笙箫万户踏歌声。
太平街口车阗咽,疑似皋桥市上行。

——清·徐乾学

那些突破社会成见、勇敢奔向赛道的女孩子,与上百个身形矫健的汉子同场竞技,常人都会"我见犹怜",难怪当时蹲在房顶、挤在阳台上的观众"见各女子跑至,掌声尤烈"。想想当时对这些女孩子不以为意的老古董肯定有不少,但这一阵阵掌声里却有着人们由衷的尊敬。

近百年前 "广马":好一场全城嘉年华

最近这几年,马拉松的话题越来越热,刷刷朋友圈,时不时就会发现有人秀出备战"广马"的勇士范儿,甚至连我这样特别不爱运动的懒人,有时受周围朋友的蛊惑,会动一动参加"广马"的念头。"广马"的确成了今天都市男女热捧的时尚。不过,你知道吗,其实,早在1930年,广州人就已跑起了"马拉松"。之后一连八年,广州都要举行环市赛跑。每年"马拉松"举行之日,全城万人空巷,争睹勇士风采。待到胜负分晓之时,人们更是开着花车沿街游行,且一路燃放鞭炮,那股热闹欢腾,简直就像在开"嘉年华"。80多年前受人热捧的活动,到今天仍然是时尚,这样有趣的对比,倒可以使我们对"时尚"一词有些不一样的理解呢。

百年前首次运动会　选手头顶长辫跑步

说起田径、球类与体操等现代体育项目,它们确是地道的舶来品。在150多年前将武术、太极奉为正统的传统知识分子眼里,这些都是败坏人心的奇技淫巧。所以,长跑、篮球和体操等体育课程,最早是在张之洞所办的"广东水师学堂"和"广东陆师学堂"等洋务学校里出现的,还不怎么被人瞧得上呢。后来,随着教会学校以及广州人自办的新式学堂的兴起,这些体育项目才渐渐有了更大的影响。

1906年1月,经南武学堂校长何剑吾、岭南学堂教习钟荣光等社会名流的倡议,东较场(今广东省人民体育场所在地)举行了第一次"广东省大运动会"。来自市区17所学校的学生齐聚此地,一争高下。要说这次运动会的项目实在少得很,不过是"跑步""竞走""两人三足走"等四五个项目,但它毕竟是广东省内的第一次运动大会,比第一次全国运动大会早了足足4年。

当时，东较场的设施极其简陋，它虽说是新军的练武场，其实就是一块荒地。组织者用石灰画了个周长约300米的圆圈，就算是跑道了。参赛选手也压根没有想到要穿运动服。比赛举行当日，正是隆冬时分，这些选手或是光脚，或是穿着布鞋，一身长衣长裤，硕大的裤脚用麻绳一绑，就来跑步了。因为怕头上那根长至腰间的辫子碍事，大家把辫子高高盘起。有些已经悄悄剪了辫子的进步青年，怕被人说是"革命党"，就戴上一顶帽子，以避人耳目。结果跑步时被风吹掉了帽子，惹得大家一阵骚动。再加上跑到终点后，裁判又出现失误，弄得群情激愤。运动员大声论理，观众看热闹不嫌事大，还在场外大声起哄，这场"全省大运动会"就这样在混乱中收场。然而，不管怎样，这场运动会终是开了风气之先，不但吸引了城内各大报纸的记者前来"挂料"，相关报道甚至还出现在了国外的媒体上。

环市赛跑：

上百选手一路狂奔　沿街市民蹲房顶观战

今天我们回过头去看百余年前广州第一场大型跑步比赛，大多会觉得它既寒酸又幼稚，但这是一个新生事物发展的必经过程。随着此后十几年里多次大型运动会的举办，跑步的好处渐渐为公众熟知了。不过,说到广州官方定意推广"马拉松"的缘由,还得提一提亚运会的前身——当时远东运动会的影响。远东运动会是由中国、日本、菲律宾三国联合发起的,自1913年开始,一共办了十届。在20世纪20年代初由中国承办的第五届远东运动会上,"马拉松"第一次成为比赛项目,由此进入了公众视野。不过,那一年的冠军被日本人拿走了,之后国人在这项赛事上也一直未能问鼎桂冠。要知道,那是人们无论做什么事都要惦记着"救国"的年代,体育界的精英人物自然也有鼓励国民强身健体的情怀。于是,1930年2月,官方一锤定音,举办了一次史无前例的环市赛跑。之后,广州人一发不可收,此后8年中,又一连举行了8次环市赛跑,直到1938年日军侵占广州,一连八年,一年一度的马拉松盛事才被无情终结。

不过,与现在"广马"长达42.195千米的路线相比,那时的"广马"路线还是要短得多。老广州第一届环市赛跑的路线是以中央公园(今人民公园)为起点,出惠爱西路(今中山六路),转入上下九路,再一路过六二三路、西堤、一德路、泰康路、越秀南路、白云路、东川路,最后转入惠爱东路,终点设在财厅,全长10多千米,只有现在"广马"的1/4。此后七届的路线大同小异,只是从第三届开始,起点改在了东较场内，官方还卖门票，每张售价两角银币。

论起选手数量，那时的"广马"更不能与现在的"广马"比。据相关历史数据，当年的每一届"广马"，参赛人数大多在百人左右，女选手的数量则一直停留在个位数。不过，那可是80多年前的事了，女选手的出现，就足以说明广州风气之开放了。

那时的"广马"虽说路线短、选手少，但观赛市民的热情比起现在可是有过之而无不及。每逢比赛之日，几乎全城百姓都出动观赛去了。1933年第9期《广州杂志》上的一篇文章曾描述说："各健儿所到之处，几有万人空巷之概。即各瓦面天台以及骑楼等，亦即堆人如蚁，睹健儿跑至，即掌声如雷……各影片公司纷纷到场，各报访员记者，亦东奔西跑……"为此，官方除了派出军警维持秩序外，还特意出动了童子军"严防死守"，以免热情的市民拥到路面上。即便如此，人们还是会有办法。据《广州杂志》的报道，每一处选手跑过之后、交通封锁解除之时，就有乌压压一群单车疾驶而来，数一数总有上百辆之多，都是追着选手看热闹的。就这样，选手在前一路狂奔，"骑手"在后紧紧相随，构成了当时一道独特的风景线。

花絮：
大学生三次夺冠　如愿抱得美人归

老广州一连八年举行马拉松比赛，但其中三次比赛的冠军都是同一人。一时间，这个名叫赵辉的选手声名鹊起，城内多家高校纷纷向他伸出橄榄枝，不但应允他免费入学，还提供生活补贴，甚至运动装备。这个做法倒与很多美国大学的做法如出一辙。不过，据广州体育界前辈谢鼎初后来撰文回忆，赵辉拿了第一、第二次环市赛跑冠军后，第三次却马失前蹄，跌出前五。当时，他还在市立师范上学，十分爱慕班上一位女生，结果对方开出条件，夺回冠军，才考虑结婚。为赢得美人芳心，赵辉在第四次比赛中一路狂奔，不但拿了冠军，还创造了新纪录，从而如愿抱得美人归，他的故事也成了老广州马拉松史上的一段佳话。

虽说讲了这么多旧时"广马"的八卦，但如果不讲一讲当时那些突破社会成见、勇敢奔向赛道的女孩子的故事，那就肯定是个遗憾。读者你想象一下，十来个娇弱的女子，与上百个身形矫健的汉子同场竞技，难怪当时蹲在房顶、挤在阳台上的观众"见各女子跑至，掌声尤烈"。想想当时对这些女孩子不以为意的老古董肯定有不少，但这一阵阵掌声里却有着人们由衷的尊敬。倘若她们中间有人取得佳绩,人们的欢庆之情则更为热烈。比如,在1933年举行的第四次环市赛跑中,市立十六小学的女生谭秀容取得亚军后,该校全体学生欣喜若狂,学校老师居然开着多辆汽车,将她本人与奖品一同载上,满城游行,还一路燃放鞭炮,欢庆胜利。或许,这噼啪作响的鞭炮声,就是在宣告"女生的一小步,广州的一大步"吧。

据 1931 年一期《市政公报》刊登的《公安局取缔废历新年旧习》的公告：禁止舞狮舞龙及巡游，禁止通宵演剧，禁止摆卖花灯……市民要想闹元宵可以，但不能在正月十五过，而必须在公历 1 月 15 日过。

1931 年元宵过公历　百姓不答应

元宵按公历过，这是怎么一回事？要知道，按照老广州的风俗，元宵节是"开灯祈福"的日子。元宵节前两天，家家户户就要将花灯和牲礼祭在神前，求得祝福，然后高高挂起，祈求"发财添丁"。不过，80 多年前官方发起的一场"不许过年"的闹剧也殃及了元宵节，流传了上千年的"上元佳期"被生生腾挪到了公历 1 月 15 日。那时，腊月还没过完，天上的月亮还没圆呢。这样的荒诞剧，当然没有人买账，官方的"大挪移"由此不了了之。

公说公有理　婆说婆有理

官府与百姓　各过各的年

80多年前的广州，官方以推行科学、破除迷信为名，严令不许过旧历年。根据1931年旧历春节前夕的《广州市政公报》，官方曾连发几道"金牌"，禁止机关职员擅自请假、迟到早退；禁售旧历书；禁止工厂停工放假；禁止商店休市。大年初一，时任广东省主席陈铭枢和广州市市长林云陔还特地到各个政府机构巡视了一遍。若有人迟到早退，或擅自离岗，那就真是撞到了枪口上，轻则受罚，重则丢了饭碗。

不过，官方的严令根本抵挡不住人们过年的热情。衙门里的人是"身在曹营心在汉"。出版于1931年的《风俗改革丛刊》里说，他们嘴里高喊"废除旧历"，不情不愿按时上班，回家一关上门，就欢欢喜喜过大年。

机关职员心口不一，吃不上皇粮的人心里就更加不服。有好事者还专门写了副春联，流传甚广："男女平权，公说公有理，婆说婆有理；阴阳合历，你过你的年，我过我的年。"

官方严令商店不得休业，但全城3万多家商店，把这禁令当回事的就没几家。广州的生意人,最注重的就是好意头,他们连读书("书"粤语谐音"输")都要说成读"赢",猪舌("舌"粤语谐音"蚀")都要说猪脷("脷"粤语谐音"利")。遇有典当行开门,时常还会欣欣然赶去押上一条旧裤子,希求从此大富("裤"粤语谐音"富")。旧历新春是财神爷下凡的日子,得罪了这位"大佬",这一年到头还能混吗?所以大大小小的店主,该烧香就烧香,该拜财神就拜财神,从初一到十五,天天都有事干,顶多低调一点,也就给了官方三分薄面了。

数万大小老板忙着拜财神,数以十万计的伙计却为"无情鸡"悬着心。原来,珠三角一带的店铺,数百年来一直有"做祃"的传统。"做祃"其实就是打牙祭的意思,伙计们平日菜食寡淡,逢初二、十六,老板则会煲汤杀鸡,犒劳大家。每年的农历年初二俗称"头祃",腊月十六俗称"尾祃",菜品又比平常"做祃"要丰盛许多。不过,平日里,伙计们提起"做祃",个个都很高兴,可逢到"头祃",却都悬着心。

原来,以前店东辞退伙计,都是开"头祃"时通知。开席之后,若店东先夹一块鸡到哪个伙计碗里,此人顿时面如土色,吃完这餐饭,就得卷铺盖走人。这就是广东人说的吃"无情鸡"。

20世纪20年代后期,工会曾使商家一度被迫中止了数百年的"无情鸡"传统,但很快这一传统又被恢复了,直到新中国成立后,"无情鸡"才彻底消失。

说起伙计吃"无情鸡"的历史,最令人心酸的莫过于1937年的春节。彼时战争阴云密布,4000多个来自各行各业的伙计无奈失业。正如传统粤讴《过年关》里唱的那样:"我唔愿过,呢一个年关。你睇米珠薪桂,件件都系咁艰难……"其间多少失意,都要怪那只可恶的"无情鸡"。

官方:过公历元宵,科学!
百姓:还在腊月里,不过!

过了正月初一,转眼就是十五。按照老广州昔日传唱的歌谣:"十五祈灯头,十六夜完灯。"过完了十五,这年才算真正过完呢。清末文人陈坤曾在《岭南杂事诗钞》中写道:"新年才入瑞先征,火树银花岁事仍。偶过邻翁扶醉说,亲朋几处约开灯。"

陈坤注解说，按广府风俗，早在元宵节前数日，家家户户就要把花灯和牲礼一起供奉到神前，邀请亲友一起喝酒祈福，这个仪式称为"开灯"，只有经过这个仪式，花灯才会给人带来好运。"开灯"的名头也是各式各样，谁家刚生了儿子，就开"添丁灯"；娶了新媳妇，就开"乘龙灯"；盖了新房子，就开"新居灯"。

这些花灯，造型或为莲花，或为莲藕，或为福禄寿三星，或为和合二仙，镂花剪彩，十分精致。到了上元之夜，家家门口彩灯高悬，映着天上一轮圆月，比除夕夜还热闹。

在旧时广州城里，人们除了在家里挂灯外，还会"凑份子"，在城里热闹处搭灯棚。据记载，20世纪初，老广州最大的灯棚一般搭在四牌楼街。今天的解放路，得名于20世纪50年代，之前名叫中华路，四牌楼就位于该路段惠福路与中山路的路口之间。有趣的是，这里虽然名曰四牌楼，但实际上却有五座牌坊，纪念明代的进士与名臣。当年，四牌楼是当之无愧的地标，四牌楼的元宵灯牌更是遐迩闻名。灯棚里一盏巨型花灯，由几百盏小灯组成，气势非凡。灯棚内甚至还搭有歌台，戏班子在这里通宵达旦地唱曲，为前来观灯的市民助兴。

老广州市民的元宵节原本过得十分热闹开心。可八十多年前官方禁止过旧历年的严令一下,元宵节也不能痛痛快快过了。

据1931年一期《市政公报》刊登的《公安局取缔废历新年旧习》的公告:禁止舞狮舞龙及巡游,禁止通宵演剧,禁止摆卖花灯……这不是要把爱热闹的市民给"憋死"吗?当然,自诩聪明的当政者也不是一点没为市民考虑的。市民要想闹元宵可以,但不能在正月十五过,而必须在公历1月15日过。因为早在1928年4月,南京国民政府内政部就明确通令各地:"将一切旧历年节之娱乐、赛会及习俗上点缀品、销售品一律加以指导改良,按照国历(即公历)日期举行。"

喝多了洋墨水、患上消化不良症的知识精英们想当然地认为,又不是不允许大家过节找乐子,不过就是挪个日子罢了,有什么要紧呢?可在普罗大众看来,"日子一改,就没意思了"。再说了,从1931年到1933年,每年的公历1月15日依次是农历十一月廿六、农历腊八、农历腊月廿日,天上的月亮要么还只是一道月牙,要么缺了一个角,在这样的日子挂灯过元宵,不是发神经吗?所以,满城上下,谁也不买这条法令的账。1月15日,除了官方在公务机关门口挂几盏彩灯庆"元宵"以外，街上冷冷清清。只有到了正月十五，市民自发开灯祈福，家家户户火树银花，城里才有了元宵节的味。

读者你或许会问，既然官方禁卖花灯，那为何还能家家户户"火树银花"呢？其实，虽然禁令是这么说，但花灯以及挥春、黄历等应节商品，事关很多小生意人的生计。到时行会一呼吁，相关部门借坡下驴，说句"体恤商艰"，这些商品就又可以拿到市面上卖啦。要知道，"不许过年"这样的禁令原本就是不得民心的。除了少数激进分子以"提倡科学，破除迷信"的名义，非要废除旧历年不可，大多数人不过是被裹挟在这一股时代潮流里边，睁一只眼闭一只眼罢了。

参考文献

[1] 文史资料研究委员会. 广州文史资料: 第 26 辑 [M]. 广州: 广东人民出版社, 1982.

[2] 胡志川, 马运增. 中国摄影史 (1840-1937) [M]. 北京: 中国摄影出版社, 1987.

[3] 中国人民政治协商会议广东省委员会, 文史资料研究委员会, 中国人民银行广东省分行金融研究所. 广东文史资料第 69 辑·银海纵横: 近代广东金融 [M]. 广州: 广东人民出版社, 1992.

[4] 中国人民政治协商会议广州市委员会, 文史资料研究委员会. 广州文史资料: 第 44 辑, 广州的洋行与租界 [M]. 广州: 广东人民出版社, 1992.

[5] 广东省地方史志编纂委员会. 广东省志·公路交通志 [M]. 广州: 广东人民出版社, 1996.

[6] 广州市地方志编纂委员会. 广州市志: 卷 16[M]. 广州: 广州出版社, 1999.

[7] 高家龙. 中国的大企业: 烟草工业中的中外竞争 (1890-1930) [M]. 樊书华, 程麟荪, 译. 北京: 商务印书馆, 2001.

[8] 黎锡, 等. 黎民伟研究资料 [M]. 北京: 当代电影杂志社, 2004.

[9] 政协广东省委员会办公厅, 广东省政协文化和文史资料委员会. 广东文史资料精编·下编: 第 3 卷·清末民国时期经济篇 (上) [M]. 北京: 中国文史出版社, 2008.

[10] 李齐念. 广州文史资料存稿选编: 第 8 辑, 经济 [M]. 北京: 中

国文史出版社,2008.

[11] 王林生. 民国广州城市与社会研究[M]. 广州：广东经济出版社,2009.

[12] 伍锐麟. 民国广州的疍民、人力车夫和村落[M]. 广州：广东人民出版社,2010.

[13] 前锋（广州）. 提倡国货运动宣传要点[J].1930(30).

[14] 乐正. 近代广州大众传播业的发展(1827-1911年)[J]. 开放时代,1995(5).

[15] 茂清."南洋"兄弟大战"英美"洋商[J]. 文史精华,1996（11）.

[16] 皮志强. 张之洞与广东"闱姓"[J]. 广州大学学报,2001(9).

[17] 沈清如. 民国时期的空中婚礼[J]. 中国民用航空,2013(3).

[18] 唐士敏. 民国时期的广州环市赛跑运动[J]. 兰台世界,2014(13).

[19] 黎民伟. 失败者之言：中国电影摇篮时代之褓姆[J]. 当代电影,2004(3).

[20] 李韬. 民国初年广州电车事业的开创与市政体制[J]. 中山大学研究生学刊（社会科学版）,2012(2).

[21] 邹浩飞. 晚清广东科举考试枪替之风初探[J]. 五邑大学学报（社会科学版）,2006(2).

后　记

　　一个盛夏的午后，与"故纸生香系列丛书"的策划编辑延红、美编刘犇在东山恤孤院路一带的一家开在老别墅里的咖啡馆（春园后街二号）相聚。延红坐在对面安静审稿，刘犇打开她的电脑，向我展示她闭关两个月"熬"出来的封面与版式设计方案。看着古雅而清新的页面在屏幕上一页页划过，我才真真切切感觉到，这一套在我心里无比珍重的丛书真的要出版了。那一刻的心情，真是既喜悦，又忐忑；既期待，又惶恐……所谓喜忧参半，大概是每个新手作者都会经历的心路旅程。

　　2013年4月25日，《广州日报》第一期"广州档案独家解密"栏目版面出街，到今天，倏忽已过五年，逾两百期栏目版面、百多万文字见证了我与这座古老的城市"相近、相知、相亲"的美好历程；而今，在延红、刘犇及中山大学出版社诸位老师的鼎力相助下，这些文字终于结集出版，更优雅精致的方式，成为我写给广州这座心爱之城的一封长长的情书。在丛书即将付梓之际，内心的感激，又岂能用一篇短文道尽？

感谢给了我成长和写作平台的广州日报社，感谢李婉芬总编辑、黄卓坚常务副总编辑以及其他领导给予我的鼓励、关怀、指导和包容，使我可以安心埋首故纸堆，一点点去还原这个城市温暖动人的记忆；感谢我所在的部门——夜编中心的诸位领导与同事，他们在日常工作中对我点点滴滴的支持与鼓励，都给了我更多的空间去专注思考和写作；感谢广州市国家档案馆，数年如一日为我提供写作线索，而我，也一直记得他们特意为我提供的那一盏有着"牛津范儿"的台灯，在它温暖的光照下，卷宗上的蝇头小楷都显得格外婉约可爱；同时，还离不开中山大学出版社徐劲社长、周建华总编辑的大力支持，还有延红、刘犇和中山大学出版社的诸位编辑老师为"故纸生香系列丛书"付出的心血，以及水上漂木书画工作室的封面题字，只一声"谢谢"，绝不足以表达我的感恩……

因年代久远，无法确认图片作者详情，特此对留下这些珍贵影像的作者,致以深深的敬意。

同时,我也应该对每位读者感恩,谢谢你们付出的宝贵时间。我深知,虽然我早已将广州视为我精神上的故乡,但作为一个"新广州人",我写给这座城市的"情书"固然殷切真挚,却仍难免稚嫩与欠妥之处。惟愿在今后的日子里,我能对这座城市的过往知晓得更多,理解得更多,并因此对这座城爱得更多。

因为,爱是理解的女儿;而爱了,就必定要传递,要记得。

王月华

2017年仲夏于丽江花园